La banque centrale européenne

ISBN : 2.86325-269.0 – N° Diffuseur : 60189

Édition originale : *La Banca centrale europea*, il Mulino, Bologne, 1998.
 Traduction faite par Nurith Dell'Ariccia.

Diffusé par les Éditions d'Organisation,
1, rue thénard, 75240 Paris Cedex 05

Les essentiels
de la banque

La Banque centrale européenne

Francesco Papadia
Banque centrale européenne
et Carlo Santini
Banque d'Italie

BANQUE*éditeur*

Chez le même éditeur

Analyse et dynamique du marché des capitaux
P. Prissert et D. Besnard, CFPB, 1995 (4e éd.)
Banque américaine (La)
A. Mérieux, 1998
Banque et l'entreprise (La)
G. Rouyer et A. Choinel, CFPB, 1996 (3e éd.)
Banques, votre pub m'intéresse
M. de Robien, 1997
Blanchiment de l'argent (Le)
O. Jerez, 1998
Capital-investissement (Le)
F.-D. Poitrinal, 1996
Contrôle de gestion bancaire et financier (Le)
M. Rouach et G. Naulleau, 1998 (3e éd.)
Contrôle comptable bancaire (Le)
Tome I-Normes, techniques et mise en œuvre
J.-L. Siruguet et L. Koessler, 1998
Droit bancaire et financier-Mélanges AEDBF-France
J.-P. Mattout et H. de Vauplane, 1999 (nouvelle éd.)
Droit bancaire international
J.-P. Mattout, 1997 (2e éd.)
Échanges et finance internationale, les acteurs
Ph. d'Arvisenet et J.-P. Petit, CFPB, 1997
Échanges et finance internationale, les enjeux
Ph. d'Arvisenet et J.-P. Petit, CFPB, 1996
Entreprises en difficulté, pratique bancaire et juridique (Les)
J.-M. Daunizeau, 1996
Exploitant de banque et le droit (L')
P. Bouteiller et Fr. Ribay, 1996 (2e éd.)
Fiscalité, placements et réductions d'impôts 1999
G. Morel, CFPB
Fiscalité de la cession d'entreprise
J.-Cl. Parot, 1997
Fiscalité des entreprises (La)
G. Morel, CFPB, 1997 (8e éd.)

Gestion obligataire (La)
M. Debeauvais et É. Maina, 1996

Guide des métiers (Le)
Péreire Conseil, 1998

Marchés financiers & droit commun
Fr. Peltier, 1997

Introduction à l'ingénierie financière
A. Choinel, 1998 (2e éd.)

Marché financier – Structures et acteurs (Le)
A. Choinel et G. Rouyer, CFPB, 1996 (6e éd.)

Moyens de paiement (Les)
GM Consultants, 1997

Réforme des procédures civiles d'exécution (La)
J.-M. Delleci, 1997 (2e éd.)

Terminologie bancaire, financière & économique, anglais-français
J.-M. Cicile, 1998 (2e éd.)

Terminologie bancaire, financière & économique, allemand-français
J.-M. Cicile, 1995

Titres et emprunts obligataires
Tome I - Le titre obligataire
J.-P. Bouère, Ph. Derouin, J.-M. Desaché, A. Duhamel, É. Malinvaud et H. de Vauplane, 1998

Dans la collection « Les essentiels de la banque »

Place financière de Paris (La)
C. Karyotis, 1999

Des revues

Banque Magazine, Banque & Droit, Banque & Marchés, Banque Stratégie

Des comptes rendus de séminaires

Sommaire

Tableaux et figures

Introduction

L'Europe, accusée d'être vieille et sclérosée, a décidé de faire une chose audacieuse et sans précédent : unifier onze monnaies en une seule, l'euro. Le nombre de pays qui utilisent l'euro est destiné, en perspective, à s'accroître. Les entreprises inédites sont obligatoirement risquées, mais elles constituent également une étape fondamentale du progrès : si la crainte du feu avait empêché nos ancêtres de s'y approcher, nous ne serions jamais sortis des cavernes. L'instrument dont l'Europe s'est dotée pour accomplir, avec un minimum de risques, l'entreprise sans précédent de l'Union monétaire est une nouvelle institution : la Banque centrale européenne, dont cet ouvrage retrace l'histoire et illustre la nature et le fonctionnement. Pour les Européens, la réalité la plus tangible de l'unification monétaire sera l'euro, surtout lorsqu'il prendra la forme concrète de billets de banque et de pièces de monnaie. Cet ouvrage entend aider le lecteur à avoir une idée de ce qui existe derrière l'euro, par qui et de quelle manière sera gérée cette nouvelle monnaie.

Goethe a magistralement représenté, dans Faust, le halo de magie qui existe autour de la monnaie : comment se fait-il qu'un bout de papier, quoique soigneusement imprimé, puisse être échangé contre des biens qui ont une valeur intrinsèque incomparablement supérieure? Derrière ce halo de magie, on trouve la banque centrale, à laquelle est confiée la tâche de gérer, pour le compte de la société, le pouvoir apparent de créer la valeur économique à partir de rien. Ce pouvoir est désormais confié, en Europe, à la Banque centrale européenne, sur un territoire qui n'a pas un véritable gouvernement unitaire, où il existe encore un fort sentiment d'appartenance aux différentes nations, où les frontières n'ont pas encore complètement perdu leur fonction de séparation, de distinction entre nous-mêmes et les autres. Les Européens doivent connaître cette nouvelle institution pour être prêts à en juger l'action et à en soutenir les efforts.

Nous souhaitons remercier, pour l'édition française de cet ouvrage, Monsieur Gian Paolo Ruggiero et Madame Maria Luisa Di Biagio, ainsi que Madame Nurith Dell'Ariccia pour la traduction de l'original italien « La Banca centrale europea ».

Chapitre 1

Les origines de la Banque centrale européenne

1.1 Une recherche opiniâtre

La création de la Banque centrale européenne, étape cruciale de l'unification monétaire, constitue une innovation profonde dans l'histoire de l'Europe. Toutefois, cette innovation n'est pas issue du néant : l'idée de l'Union monétaire a une histoire longue et accidentée. Depuis des décennies, les Européens ont recherché opiniâtrement une stabilité dans leurs rapports monétaires, surtout à l'époque où l'on était très loin de l'obtenir (v. tableau 1). Mais la méthode utilisée pour poursuivre une telle stabilité a profondément changé. Progressivement, on a compris que l'Union monétaire ne pouvait se réaliser que sur le fondement d'une Banque centrale européenne. Une fois cette nécessité comprise, on a mis en route la construction de la nouvelle institution. Elle existe aujourd'hui et elle est appelée à exercer la fonction monétaire pour une grande partie du continent.

Dès la moitié du siècle dernier, par l'Union monétaire latine, certains pays d'Europe tentèrent de parvenir à une « meilleure harmonie » monétaire, dans un système bimétallique or-argent. La tentative s'arrêta avec l'apparition du *gold standard* qui, jusqu'à la première guerre mondiale, donna à l'ensemble du monde économiquement développé un système monétaire intégré et stable. Dans la période qui s'écoula entre les deux guerres mondiales, la coopération monétaire, ainsi que les autres formes de coopération internationale, furent victimes de l'autarcie, puis du nationalisme armé. Dans le second après-guerre, le désir de stabilité dans les rapports monétaires des Européens ressurgit avec force. Il fut concrétisé par l'Union européenne des paiements qui, entre 1950 et 1958, facilita la reprise des échanges commerciaux des pays européens entre eux et avec les États-Unis, en jetant les bases de la convertibilité des monnaies européennes. Grâce à cette convertibilité, dans les transactions commerciales, les monnaies européennes pouvaient être librement échangées entre elles et avec le dollar des États-Unis à un taux de change préfixé; ainsi, le système monétaire international défini à Bretton Woods en 1944, avant même la fin de la guerre, pouvait devenir opérationnel.

La mise en œuvre du système de Bretton Woods fut basée sur les éléments suivants : des taux de change stables, révisables uniquement en cas de déséquilibres fondamentaux dans les économies des différents pays, le fonds monétaire International et le *leadership* des États-Unis. Ainsi, pendant près de deux décennies, la recherche d'un ordre monétaire européen spécifique devenait inutile. En 1955, la Résolution de Messine, qui établit les bases de la Communauté économique européenne, ne fit que mentionner « l'adoption de méthodes susceptibles d'assurer une coordination suffisante des politiques monétaires des pays membres, pour permettre la création et le développement d'un marché commun ». En toute cohérence, dans le traité de Rome signé en 1957, on se limitait à mentionner, à l'article 103 et à l'article 108, que les États membres considéraient leur propre politique en matière de conjoncture et de taux de change « comme une question d'intérêt commun ». À cet engagement limité correspondait, dans le traité de Rome, une base institutionnelle faible : l'article 105 instituait un Comité monétaire à caractère consultatif « en vue de promouvoir la coordination des politiques des États membres dans le domaine monétaire ». En 1964, au Comité monétaire vint s'ajouter le Comité des gouverneurs des Banques centrales des États membres de la Communauté Européenne, doté lui aussi d'un rôle consultatif. Sa base juridique et institutionnelle était toutefois d'un rang inférieur à celle du Comité monétaire, puisqu'elle était issue d'une décision du Conseil des ministres de la Communauté et non directement du traité.

1.2 L'Europe trouve sa voie

À la fin des années '60, avec l'affaiblissement progressif du système de Bretton Woods, qui sera mentionné au chapitre 4, la nécessité d'une assise institutionnelle spécifique, permettant d'atteindre la stabilité monétaire en Europe, se manifesta à nouveau avec vigueur. C'est ainsi que commença à se dessiner la voie qui a trouvé son point d'arrivée dans la constitution de la Banque centrale européenne et dans la substitution des monnaies nationales par l'euro. Toutefois, le parcours n'a pas été linéaire : pendant longtemps, on a suivi de fausses pistes; les accidents, parfois graves, ont été nombreux. Depuis le début, il a fallu faire le choix entre deux options fondamentales. En premier lieu, il s'agissait de savoir si la stabilité et la coopération monétaires devaient être poursuivies dans la dimension extérieure de la politique monétaire – et donc essentiellement en stabilisant les rapports de change entre les devises européennes – ou bien dans la dimension intérieure, en visant directement à régler la quantité de monnaie et les taux d'intérêt. En second lieu, il fallait décider si l'Union monétaire devait être le couronnement d'une coopération étendue à tous les domaines de la politique économique, peut-être de la politique tout court, ou si elle pouvait être un instrument actif pour la poursuite de la stabilité monétaire, avant même que toutes les pièces de la mosaïque de la coopération se trouvent à leur place.

C'est à ces choix fondamentaux qu'eut à se confronter, à la fin des années 60, la première tentative d'union monétaire de la Communauté européenne, constituée à l'époque des six États fondateurs (Allemagne, France, Belgique, Pays-Bas, Luxembourg, Italie). L'élaboration d'un plan permettant de parvenir à l'Union monétaire fut confiée à un groupe d'experts présidé par M. Pierre Werner, à l'époque Premier ministre du Luxembourg. Le plan, présenté en octobre 1970, recherchait une première synthèse entre les différentes approches; toutefois, comme l'expérience l'a prouvé par la suite, il ne fut pas accordé aux divers éléments le poids qu'ils devaient avoir; de surcroît, ces divers éléments n'étaient pas encore suffisamment développés. En particulier, l'idée que l'Union nécessitait une banque centrale unique avait été à peine

Tableau 1 : Chronologie des principaux événements qui ont porté à l'Union monétaire européenne

Années	Événements
1944	Accords de Bretton Woods
Mai 1950	Institution de l'Union européenne des paiements
Avril 1951	Traité de la Communauté européenne du charbon et de l'acier (Ceca)
Juin 1955	Résolution de Messine : l'objectif de créer un marché commun, des institutions communes et d'harmoniser les politiques sociales est annoncé
Mai 1957	Traité de Rome instituant la Communauté économique européenne (CEE)
Décembre 1958	Retour à la convertibilité des monnaies européennes pour les transactions courantes
1964	Institution du Comité des gouverneurs des banques centrales des pays de la CEE
Décembre 1969	Les chefs d'État et de gouvernement des pays CEE confient à un groupe de travail présidé par Pierre Werner la préparation d'un projet permettant de parvenir à l'union économique et monétaire
Octobre 1970	Présentation du plan Werner, approuvé l'année suivante par le Conseil européen
Août 1971	Déclaration de l'inconvertibilité du dollar des États-Unis en or
Mars 1972	Fondation du dénommé Serpent monétaire européen
Mars 1973	Abandon définitif du système de changes fixes décidé à Bretton Woods
Avril 1973	Constitution du Fonds européen de coopération monétaire (Fecom)
Mars 1975	Création de l'Unité de compte européenne (Uce), comme panier de quantités fixes des devises CEE

Avril 1978	Le président français M. Giscard d'Estaing et le chancelier allemand M. Schmidt proposent la création du Système monétaire européen (Sme)
Mars 1979	Le Sme devient opérationnel; l'Ecu (*European currency unit*) remplace l'Uce
Février 1986	Signature de l'Acte unique européen, avec échéance en 1992 pour la réalisation du marché européen
Juin 1988	Le Conseil européen décide d'instituer le Comité Delors
Avril 1989	Le Comité Delors présente son rapport
Décembre 1989	Le Conseil européen décide de convoquer une conférence intergouvernementale sur l'Uem
Février 1992	Le traité de Maastricht est signé
Juin 1992	Lors d'un référendum, le Danemark vote contre l'approbation du traité de Maastricht
Septembre 1992	Crise Sme. Italie et Royaume-Uni abandonnent les accords de change; les monnaies de l'Irlande, du Portugal et de l'Espagne sont dévaluées à plusieurs reprises
Janvier 1993	Marché unique européen : libre circulation des personnes, des marchandises, des services et des capitaux
Août 1993	Crise Sme : les marges de l'accord de change sont étendues de 2,25 à 15 pour cent
Novembre 1993	Le traité de Maastricht entre officiellement en vigueur
Janvier 1994	Début des opérations de l'Institut monétaire européen
Décembre 1995	Le Conseil européen nomme « euro » la monnaie unique
Juin 1997	Le Conseil européen approuve formellement le Pacte de stabilité et croissance
Mai 1998	Le Conseil européen décide le passage à la monnaie unique, dès janvier 1999, de 11 pays (Allemagne, Autriche, Belgique, Espagne, Finlande, France, Irlande, Italie, Luxembourg, Pays-Bas et Portugal)
Janvier 1999	Naissance officielle de l'euro

ébauchée, alors que l'on avait attribué une grande importance à la stabilisation progressive des changes entre les monnaies participantes. On disait peu ou prou sur la politique monétaire qui devait être poursuivie. En revanche, on attribuait une grande attention à la nécessité de déplacer la politique budgétaire, sur le plan pratique, des niveaux nationaux au niveau communautaire. Le but principal du plan Werner, à savoir la réalisation de l'Union monétaire avant la fin de 1980, fut formellement approuvé par le Conseil des ministres de la Communauté en 1971, puis, en 1972, par les chefs d'État et de Gouvernement, y compris ceux de la Grande-Bretagne, du Danemark et de l'Irlande, qui à l'époque étaient sur le point d'entrer dans la Communauté.

L'objectif du plan dut bien vite être abandonné pour plusieurs raisons : la différenciation des politiques économiques et monétaires des États membres après l'abandon définitif du système de Bretton Woods, entre 1971 et 1973; le premier choc pétrolier en 1974; l'introduction dans de nombreux pays de contrôles sur les mouvements de capitaux; les amples et brusques variations des changes; l'augmentation et les différences des taux d'inflation. Toutefois, l'élaboration du plan, la manifestation de volonté politique qui l'avait fait naître, son échec même, lancèrent les bases pour les progrès qui devaient suivre, encore que son objectif, l'Union monétaire, ait été réalisé avec vingt années de retard par rapport à la date prévue.

Cependant, dans l'immédiat, le plan Werner vit la réalisation de quelques-unes de ses propositions. La première d'entre elles fut l'introduction d'un dispositif de stabilisation des changes à l'intérieur de l'Europe, alors que sur le plan global on passait à la fluctuation généralisée. En mars 1972, vit le jour le « serpent monétaire », ainsi dénommé car sa représentation graphique rappelait, avec ses courbes, un serpent. Par cet accord, on entendait limiter les variations des taux de change des monnaies de la Belgique, la France, l'Allemagne, l'Italie, les Pays-Bas, la Norvège, le Danemark et le Royaume-Uni. Le serpent fut bientôt réduit à un accord qui ne comprenait que l'Allemagne, les pays du Benelux et le Danemark, mais il permit de garder l'idée et la pratique d'une coopération monétaire européenne, également dans les périodes de plus grande instabilité et de tendances centrifuges.

En avril 1973, le Conseil des ministres de la Communauté tenta de doter le serpent monétaire d'une base institutionnelle, en créant le Fonds européen de coopération monétaire. Mais cette institution resta un boîtier vide et aucune fonction importante ne lui fut jamais confiée.

En mars 1975, un autre acteur important du processus d'unification monétaire fit son apparition, fut-il à l'état embryonnaire, l'Uce ou Unité de compte européenne, sous la forme d'une monnaie-panier, composée d'unités fixes de toutes les devises de la Communauté. En 1979, elle fut rebaptisée écu (*European currency unit*). L'écu est le précurseur de l'euro.

L'idée que l'Europe puisse devenir une zone de stabilité monétaire avec le renforcement de la coopération dans le domaine des taux de change fut reprise en 1978, avec l'initiative de création du Système monétaire européen, lancée par le Président de la République française, Monsieur Valéry Giscard d'Estaing et le Chancelier allemand, Monsieur Helmut Schmidt.

Ce Système commença à fonctionner en mars 1979, avec la participation de la France, l'Italie et l'Irlande, outre l'Allemagne et les pays, comme la Belgique, les Pays-Bas et le Danemark, qui avaient déjà fait partie du serpent et avaient renoncé, de fait, à une politique monétaire nationale, se conformant à celle de la Banque centrale allemande, la Bundesbank. Le cœur du Sme était le mécanisme de taux de change, le dénommé MCE, qui visait à limiter les variations de valeur de chaque monnaie participante vis-à-vis de chacune des autres. Pour chaque paire de devises, on établissait un taux de change de référence, appelé parité centrale; à un intervalle de 2,25 pour cent au-dessus et au-dessous de cette parité, on fixait deux taux de change à ne pas dépasser, appelés marges de fluctuation. Lorsqu'une monnaie atteignait, par exemple à cause d'une dépréciation sur le marché des changes, la marge de fluctuation inférieure vis-à-vis d'une autre, les deux banques centrales concernées vendaient la monnaie forte et achetaient la monnaie faible en vue d'empêcher qu'elle descende au-dessous de la marge inférieure. Ces interventions étaient favorisées par des accords de financement mutuel entre les banques centrales. Il fut également essayé de doter le Système monétaire européen d'instruments techniques en mesure de remédier au défaut essentiel de toute cette construction : l'absence d'une base institutionnelle. Mais aucun de ces instruments n'eut le succès escompté. On construisit un « indicateur de divergence » qui devait mesurer l'écart du taux de change de chaque devise par rapport aux taux moyens de toutes les autres devises, exprimé par la valeur de l'écu. L'idée, soutenue notamment par la France, était la suivante : si une devise s'appréciait par rapport à toutes les autres devises du Système, on pouvait supposer que d'éventuelles tensions étaient dues à sa force excessive plutôt qu'à la faiblesse des autres monnaies. Toutefois, cette tentative s'avéra bientôt inutile et, en fait, la responsabilité de respecter les marges de fluctuation finit par retomber toujours sur la monnaie la plus faible. Le transfert au Fonds européen de coopération monétaire de 20 pour cent des réserves en or et en dollars des banques centrales participantes, en échange d'activités de réserve libellées en écu, n'acquit jamais un réel contenu. On abandonna vite l'engagement de revoir l'accord qui était à la base du Système monétaire européen, deux ans après son début, pour le doter d'une assise institutionnelle, sous la forme d'un Fonds monétaire européen.

Le Système monétaire européen connut toutefois un succès remarquable, même si dans une forme totalement différente de celle attendue par ses fondateurs. En effet, un rapport de soutien mutuel se créa rapidement entre le Système et la *leadership* monétaire de la Bundesbank : il fut utile à l'Allemagne pour stabiliser la valeur extérieure du deutschemark et aux autres pays européens pour récupérer la stabilité monétaire après la grande flambée inflationniste des années 70 et du début des années 80. La politique monétaire de la Bundesbank s'affirma progressivement en Europe tout entière, à travers l'engagement de stabiliser les changes entre le deutschemark et les autres monnaies participantes, bien que cet engagement fût atténué par les mutations fréquentes des parités centrales. Ainsi, la banque centrale du pays qui avait poursuivi la stabilité monétaire avec le plus de détermination et de succès devint l'assise institutionnelle du Système monétaire au-delà de ce qui était écrit dans les accords formels.

On restait toutefois conscients du fait qu'une institution nationale ne peut pas jouer continuellement le rôle de banque centrale pour tout un continent : il n'était pas possible de compter sur une correspondance d'intérêts permanente entre l'Allemagne et les autres États membres. Cette prise de conscience devint encore plus forte au cours de la deuxième moitié des années 80, lorsque la décision de mettre en œuvre le marché unique européen et, de ce fait, de libéraliser les mouvements de capitaux, augmenta la nécessité mais aussi la fragilité de la stabilité des changes. C'est de là, ainsi que du souhait de progresser dans la construction de l'unité européenne, que vint l'inspiration de relancer l'Union monétaire. Au Conseil européen de Hanovre en juin 1988, le Chancelier de l'Allemagne fédérale, Monsieur Helmut Kohl, promut une résolution qui instituait un comité, présidé par le Président de la Commission européenne de l'époque, Monsieur Jacques Delors, et constitué par les gouverneurs des banques centrales de la Communauté, douze à l'époque, et par trois experts externes. Ces derniers furent chargés d'élaborer un plan qui permettrait de parvenir à l'Union économique et monétaire. Déjà dans les termes de leur mandat, il était clair que la composante monétaire dominait par rapport à la composante économique et tous les travaux qui suivirent se concentrèrent sur la monnaie unique plus que sur les aspects spécifiquement économiques.

1.3 La Banque centrale européenne prend forme

Le Comité Delors prépara, en moins d'une année, un rapport qui contenait, dans leur essence, tous les éléments qui auraient défini l'Union économique et monétaire dans le traité de Maastricht. La contribution fondamentale du rapport Delors fut de comprendre que l'Union monétaire ne pouvait pas être réalisée à partir des taux de change, c'est-à-dire de la dimension extérieure de la politique monétaire, mais uniquement en la considérant comme un système « national ». Ce choix porta, en toute cohérence, à l'idée que l'Union monétaire avait besoin d'une base institutionnelle forte, comme celle qui prévaut au niveau national, et d'une monnaie unique : aussi bien la Banque centrale européenne que l'euro trouvent leur origine dans le rapport Delors.

L'origine de la Banque centrale européenne, née adulte des travaux du Comité Delors, tout comme Minerve de la tête de Jupiter, est tout à fait différente de celle des banques centrales nationales. Ces dernières se sont développées suivant deux lignes principales : un processus séculaire d'affranchissement du lien avec l'or et une distinction de plus en plus nette par rapport aux banques commerciales. Pour ce qui est du premier aspect, la séparation progressive et inexorable de la monnaie par rapport à l'or a offert à chaque pays le pouvoir de déterminer la quantité de monnaie en circulation. La « technologie » du contrôle de la monnaie, à mesure que celle-ci perdait sa valeur intrinsèque et accentuait de ce fait son caractère fiduciaire, a graduellement pris la forme des banques centrales modernes. En ce qui concerne le second aspect, la banque centrale s'est progressivement distinguée des autres banques en acquérant une position centrale – ce n'est pas un hasard – dans le système des paiements : de même que les citoyens règlent leurs dettes et leurs créances en échangeant la monnaie émise par les banques, ces dernières règlent leurs positions réciproques en échangeant la monnaie émise par la banque centrale (c'est le concept de la base monétaire, dont nous reparlerons souvent).

Autant le stade final de l'Union monétaire dans le rapport Delors était solide et élaboré avec précision, autant le processus de transition qui aurait permis de parvenir à un tel stade était mal défini. Le défaut d'un accord, d'une méthode et d'une institution visant à gérer la transition se serait avéré extrêmement dangereux dans les années suivantes.

Entre juin 1989 et octobre 1990, le rapport Delors – qui représentait un progrès essentiel malgré ses quelques lacunes – fut progressivement accepté par le Conseil européen, qui décida de convoquer une Conférence intergouvernementale afin de préparer les modifications au traité de Rome qui s'imposaient pour mettre en œuvre l'Union économique et monétaire. L'objection britannique était ainsi surmontée. La Grande-Bretagne opposait à la solution institutionnelle une solution selon laquelle l'écu aurait dû devenir une monnaie parallèle, en concurrence avec les monnaies nationales, et s'affirmer dans le temps en tant que monnaie unique européenne si les citoyens l'avaient préférée à leurs monnaies nationales.

Dans la même période, le Comité des gouverneurs élaborait les idées du Comité Delors dans un projet de statuts de la Banque centrale européenne, qu'il présenta en novembre 1990 à la Conférence intergouvernementale pour l'Union économique et monétaire. Les propositions des gouverneurs furent acceptées avec très peu de modifications et reportées dans le traité : la Banque centrale européenne, conçue par le Comité Delors, prenait ainsi sa forme définitive.

La Conférence intergouvernementale n'avait donc plus que la tâche de déterminer le parcours à suivre pour parvenir à l'Union économique et monétaire, car le rapport Delors ne l'indiquait pas. Après de nombreuses et difficiles discussions, il fut décidé que la Banque centrale européenne ne naîtrait que peu de temps avant le démarrage de la phase finale de l'Union, marquée par l'introduction de la monnaie unique. Le travail de préparation de l'Union monétaire, dont la portée et la difficulté apparaissaient de plus en plus clairement, fut confié à une institution temporaire, l'Institut monétaire européen.

Toutefois, avant même la constitution de ce dernier, le processus d'unification monétaire eut à affronter une tempête qui, de par sa violence, risqua une fois encore de le remettre en question. Les difficultés dans les démarches de ratification du traité de Maastricht, signé en février 1992, et notamment le refus de le ratifier, exprimé lors du référendum au Danemark au mois de juin de la même année, déclenchèrent une crise monétaire. Les capitaux qui s'étaient déplacés vers les pays ayant des taux d'intérêt plus élevés, en attendant une réduction de ces taux dans la perspective de l'Union monétaire soutenue par la signature du traité de Maastricht, en sortirent rapidement. En septembre 1992, la lire et la livre sterling durent interrompre leur participation au Système monétaire européen; l'escudo portugais, la peseta espagnole, la livre irlandaise furent dévalués à plusieurs reprises. En août 1993, une nouvelle crise violente, qui impliqua en premier lieu le franc français, contraignit à un accroissement de 2,25 à 15 % des marges qui limitent les variations des changes dans le Système monétaire européen. Ces événements confirmèrent non seulement la faiblesse d'un processus de transition dans lequel certains pays n'avaient pas encore achevé le redressement de leurs finances publiques et la conquête de la stabilité monétaire mais aussi l'instabilité intrinsèque du système de *leadership* confié à la Bundesbank et les risques que court le marché unique en ayant une pluralité de monnaies dont la stabilité réciproque ne peut être assurée en permanence. La conscience des graves conséquences qu'aurait provoqué l'échec de l'Union monétaire renforça, malgré la crise, la détermination à poursuivre vers la monnaie unique. Ainsi, la ratification du traité fut complétée ; la coopération monétaire s'approfondit, surtout entre la France et l'Allemagne ; l'indépendance des banques centrales nationales, et notamment de la Banque de France, fut accrue afin de les rapprocher du modèle de banque centrale ébauché dans le traité de Maastricht ; la convergence économique s'accentua.

1.4 L'Institut monétaire européen, précurseur de la Banque centrale

En janvier 1994, comme prévu par le traité de Maastricht, l'institution qui devait préparer l'Union monétaire a vu le jour : l'Institut monétaire européen, à Francfort. Il bénéficiait d'un degré d'indépendance semblable à celui de la future Banque centrale européenne. Le traité et les statuts lui avaient confié deux fonctions principales : d'une part, accroître la coopération entre les banques centrales nationales dans la mise en œuvre de la politique monétaire ; d'autre part, préparer le cadre logistique, organisationnel et juridique nécessaire à la Banque centrale européenne dans la mise en œuvre de la politique monétaire unique. La deuxième tâche s'est vite révélée plus ardue que la première.

Après la crise du système monétaire européen et une nouvelle phase aiguë d'instabilité en 1995, la politique monétaire reprit son chemin vers la stabilité, avec le soutien de l'Institut monétaire européen. L'inflation diminua jusqu'à atteindre, en 1997, dans tous les pays de l'Union européenne, à l'exception de la Grèce, des niveaux compatibles avec la stabilité des prix. Les taux d'intérêt baissèrent et s'alignèrent d'un pays à l'autre. La participation au système monétaire européen s'est accrue avec le retour de l'Italie en novembre 1996 et l'entrée de la Finlande et de la Grèce. La politique budgétaire a, elle aussi, apporté sa contribution et le progrès s'est accentué vers des conditions de stabilité macro-économique qu'on ne voyait plus depuis des dizaines d'années. L'Institut monétaire européen, en même temps que la Commission européenne, a accompli un considérable travail d'analyse, d'évaluation et de compte-rendu des progrès réalisés dans le domaine macro-économique et de la convergence juridico-institutionnelle, au sujet de l'indépendance des banques centrales et de leur intégration dans le Système européen de banques centrales. C'est sur la base de ce travail que, en mai 1998, le Conseil européen a décidé que onze pays respectaient les critères économiques et institutionnels requis pour participer à la phase finale de l'Union monétaire et pouvaient donc adopter l'euro. Restent exclus la Grèce, qui n'a pas encore achevé sa convergence économique, et le Royaume-Uni, le Danemark et la Suède, qui ont décidé de maintenir leurs monnaies nationales.

La deuxième tâche confiée à l'Institut monétaire européen s'est avérée, en revanche, de plus en plus complexe, notamment en raison des contraintes de temps imposées par le traité. L'Institut était en effet chargé de préparer tout l'appareil nécessaire pour permettre au Système européen de banques centrales de gérer efficacement l'euro (v. chap. 3) et ce, dès le premier jour. Il est immédiatement apparu que pour réaliser une telle entreprise, l'effort conjoint de toutes les banques centrales nationales, ainsi que de l'Institut monétaire européen, était indispensable.

La base institutionnelle de ce dernier était solide, même s'il s'agissait d'une institution destinée à être dissoute au moment de la constitution de la Banque centrale européenne. Le président et le directeur général en assuraient la direction et la gestion; le Conseil, constitué par le président et les gouverneurs des banques centrales nationales adoptait les décisions les plus importantes; un capital versé par les banques centrales fournissait les ressources financières nécessaires; une équipe compétente et motivée, composée de 50 personnes au début et de 400 au moment du passage à la Banque centrale européenne donnait à l'organisation sa force. Mais l'entreprise était de taille : dans les contextes nationaux, il a fallu des décennies, sinon des siècles, pour constituer la plate-forme permettant aux banques centrales de régler la monnaie; en Europe, on ne disposait que de cinq ans pour accomplir cette tâche.

Une structure d'organisation tout à fait particulière a été mise en place pour convoyer les forces des banques centrales dans cette entreprise. L'effectif limité de l'Institut monétaire européen a été affecté à quatre départements : questions monétaires, économiques et statistiques; informatique; administration intérieure; secrétariat général. Neuf sous-comités et groupes de travail, constitués par des effectifs des banques centrales nationales, ont couvert autant de domaines d'activité de la banque centrale. Ils travaillaient autour de cette structure, en étendant et en approfondissant ainsi un système qui avait déjà été expérimenté au cours des dernières années de vie du Comité des gouverneurs (mentionné ci-dessus).

Cette organisation particulière a constitué, avec l'énergie apportée par le personnel de l'Institut monétaire européen, le levier qui a permis d'accomplir l'énorme quantité de travail nécessaire. On peut estimer qu'en plus des 400 fonctionnaires de l'Institut, plusieurs centaines de personnes provenant des banques centrales nationales, se sont intensément activées pour préparer l'Union monétaire.

Le travail de ces personnes, orienté par un Comité des substituts des gouverneurs, a été guidé par le Conseil de l'Institut et organisé et planifié par un document de programmation complexe, dénommé *Extended Master Plan.* Ce document, élaboré pour la première fois en 1994, a été mis à jour à plusieurs reprises. La dernière version comprenait une centaine de projets, répartis en douze domaines. Chaque projet, subdivisé en plusieurs phases, portait l'indication de l'objectif final, des rapports avec les autres projets, des responsabilités et des délais. Ce n'est que grâce à la mise en œuvre de tous les projets que la Banque centrale européenne peut remplir sa fonction.

La Banque centrale européenne, juste après sa création, a : révisé le travail préparatoire effectué par l'Institut monétaire européen; choisi parmi les différentes options que ce dernier a laissé, dans certains cas, ouvertes; transformé les décisions en actes juridiques codifiés; complété le cadre réglementaire, logistique et opérationnel qui lui permet de gérer la politique monétaire pour toute la zone euro.

Chapitre 2

Ce qu'est la Banque centrale européenne

2.1 Ce que l'on transfère à la Banque centrale européenne

Pour comprendre ce que les États qui participent à l'Union monétaire transfèrent à la Banque centrale européenne, il faut comprendre ce qu'est la politique monétaire. C'est l'objet du présent paragraphe.

Comme la pénicilline, la politique monétaire est une découverte récente et presque fortuite. Dans les statuts des banques centrales les plus anciennes, il n'est fait aucune mention à la politique monétaire, entendue comme régulation de la quantité de monnaie en vue d'atteindre des objectifs économiques. C'est à partir du système des paiements que l'on s'est rendu compte que, dans l'activité de la banque centrale, notamment après le desserrement du lien de la monnaie par rapport à l'or, il existe une composante discrétionnaire suffisamment importante pour lui valoir le titre de « politique ». Le fait que la banque centrale se soit affirmée en tant que banque des banques, et que son passif, dénommé « base monétaire » (thème repris au chapitre 6), serve à régler les dettes et les créances entre les banques commerciales, permet de comprendre à quel point la banque centrale peut influer sur le cours de l'économie. La base monétaire est apparue comme une sorte de produit semi-fini, indispensable aux opérations des banques, qui influencent à leur tour l'activité économique globale.

Le mécanisme qui relie la banque centrale à l'économie peut être illustré en tenant compte de trois budgets : celui de la banque centrale, celui des banques commerciales et, enfin, celui des ménages et des entreprises. Par exemple, la banque centrale peut étendre son budget et octroyer des financements plus importants aux banques commerciales, ce qui augmente par la même occasion la base monétaire; à ce moment-là, les crédits que les banques commerciales offrent à leurs clients augmentent à leur tour, de même que les dépôts bancaires de ces derniers. Par une réaction en chaîne, les comportements des clients des banques, ménages et entreprises, changent également : en disposant de liquidités accrues, ils consomment, investissent et produisent davantage.

Le mécanisme de transmission de l'action de la banque centrale sur les décisions des ménages et des entreprises peut également être identifié à travers les effets sur les taux d'intérêt et de change. Si, par exemple, la banque centrale accroît les liquidités, en augmentant le crédit aux banques, l'effet immédiat est une réduction des taux d'intérêt à court terme et une diminution du taux de change. La première encourage les ménages et les entreprises à consommer et à investir davantage, la deuxième, rendant les marchandises nationales plus compétitives, accroît les exportations et réduit les importations. Par conséquent, la demande globale augmente, de même que le revenu, si l'offre suit la demande.

Le « si » de la phrase qui précède renferme l'une des plus vives controverses économiques, apparue à la fin des années 30 à la suite de la grande dépression de 1929 et de l'œuvre de l'économiste anglais John Maynard Keynes. Pour la comprendre, il faut introduire la distinction entre variables nominales et variables réelles. Les variables nominales sont évaluées aux prix courants : le revenu nominal, par exemple, est mesuré en additionnant les produits de tous les biens et services par leur prix courant. Il est toutefois évident qu'une variable ainsi définie ne raconte qu'une partie de l'histoire et peut-être même la moins intéressante : si les prix doublent, à savoir que l'on enregistre une inflation de cent pour cent, le revenu nominal double, mais la quantité réelle de biens et services produits, qui est déterminante pour le bien-être d'un pays, ne change pas. Quant aux variables réelles, elles sont mesurées « à prix constants », c'est-à-dire en maintenant fixes les prix observés à un moment historique donné. Si le revenu réel augmente entre une période et l'autre, cela signifie que la quantité de biens et services produits et disponibles en vue de la consommation, l'investissement et les exportations se sont accrus.

Il n'y a aucun doute, pour revenir à la politique monétaire, qu'en partant du budget de la banque centrale et en passant par celui des banques commerciales, des ménages et des entreprises, il est possible de faire augmenter à discrétion la consommation, l'investissement et le revenu nominal; rien ne permet d'affirmer, toutefois, que ces variables augmentent également en termes réels. La controverse entre économistes porte sur le temps, la mesure et les circonstances dans lesquelles l'effet de la politique monétaire mène à une augmentation des prix ou des variables réelles. Les monétaristes soutiennent que l'effet sur les prix est rapide (sinon immédiat), complet et universel; les keynésiens répliquent que l'effet est lent, incomplet et qu'il dépend de la situation économique. De même, les effets sur le revenu réel sont plutôt limités selon les monétaristes, alors qu'ils sont substantiels selon les keynésiens.

Sur un plan plus technique, il faut établir, aussi bien quantitativement, le lien entre les opérations de la banque centrale, le comportement des banques commerciales et celui de ménages et entreprises.

La construction de la Banque centrale européenne se fait sur une certaine idée des effets réels et nominaux de la politique monétaire. Cette idée sera présentée au chapitre 4. Ici, nous nous limiterons à ajouter que, avec l'unification monétaire européenne, il a été décidé d'attribuer à la Banque centrale européenne toute décision concernant la politique monétaire, c'est-à-dire toute décision relative aux bilans des banques centrales nationales et influant sur les taux de change et les taux d'intérêt.

2.2 Une nouvelle institution pour l'Europe

La constitution de la Banque centrale européenne marque, dans l'histoire monétaire européenne, le passage de la coopération à la supranationalité dans la gestion de la politique monétaire. L'expérience européenne citée dans le chapitre 1 confirme qu'entre la coopération internationale et la souveraineté nationale, il existe toujours un risque de conflit : en cas de divergence d'opinion dans la définition des priorités, soit un pays sacrifie sa propre souveraineté au bénéfice des priorités d'autrui, notamment de celles du pays dominant, soit la coopération finit par essuyer un échec.

La libéralisation des échanges, tout d'abord de marchandises et de services, ensuite également de capitaux, a conditionné depuis longtemps déjà la liberté des nations, même les plus importantes, dans la gestion de la politique monétaire. En effet, si un pays tente de fixer ses taux d'intérêt à un niveau qui ne serait pas cohérent avec ceux qui prévalent à l'étranger, il tend à engendrer des flux de capitaux qui vont altérer son taux de change et/ou les conditions monétaires elles-mêmes, jusqu'à rendre inutile la ligne de politique monétaire choisie. On voit émerger ici la contradiction inévitable entre liberté des échanges, souveraineté monétaire nationale et stabilité des taux de change. Par la signature du dénommé Acte unique de 1986, les pays de l'Union européenne ont choisi de faire de l'Europe un marché unique où marchandises, services, capitaux et personnes circulent librement en vue de saisir les meilleures opportunités, stimulés en cela par la concurrence. Le taux de change, qui constitue le prix auquel les importations et les exportations sont échangées d'un pays à l'autre, peut constituer une source potentielle de distorsion du fonctionnement de ce marché. Le seul moyen de conjurer ce risque est d'avoir un change stable à des niveaux cohérents avec les variables fondamentales de l'économie : prix, production, échanges avec l'étranger, taux d'intérêt. L'Union monétaire s'est affirmée, sur la base de l'expérience considérée comme unique solution pour assurer une telle stabilité de façon permanente.

Le traité de Maastricht a résolu radicalement les problèmes apparus lors des précédentes tentatives de coopération monétaire en prévoyant, pour l'Union européenne, une monnaie unique et, par conséquent, une politique monétaire unique confiée à une institution supranationale, la Banque centrale européenne. Dans une zone desservie par une monnaie unique, la politique monétaire est nécessairement unique, contrairement aux politiques fiscales, budgétaires, industrielles qui peuvent, bien que dans certaines limites, être adaptées à des exigences régionales spécifiques. C'est ce qui se produit dans un grand État fédéral comme le sont les États-Unis d'Amérique, où une monnaie unique est en circulation, le dollar, à laquelle s'applique la politique monétaire faisant l'objet d'une décision centralisée venant du Système de la Réserve fédérale, alors que 50 États confédérés maintiennent leur propre autonomie budgétaire.

L'acte de naissance de la Banque centrale européenne est l'article 4 A du traité de Maastricht : « Il est institué, selon les procédures prévues par le présent traité, un Système européen de banques centrales, ci-après dénommé « SEBC », et une Banque centrale européenne, ci-après dénommée « BCE »; ils agissent dans les limites des pouvoirs qui leur sont conférés par le présent traité et par les statuts du SEBC et de la BCE, ci-après dénommés « statuts du SEBC », qui lui sont annexés ». La Banque centrale européenne et les banques centrales nationales constituent le Système européen de banques centrales.

La lecture du traité fait apparaître la situation particulière de la Banque centrale européenne dans l'assise institutionnelle de l'Union européenne. En effet, l'article 4 ne la mentionne pas parmi les institutions (Parlement européen, Conseil, Commission, Cour de Justice et Cour des comptes) de la Communauté. Toutefois, le traité confère la personnalité juridique à la Banque et les statuts lui reconnaissent la plus ample capacité d'agir dans chacun des États membres. Du point de vue juridico-formel, la Banque centrale européenne n'est donc pas une institution communautaire. Les normes générales du traité relatives aux institutions ne s'appliquent pas à la Banque, à moins d'être expressément rappelées. Ses actes ne sont pas imputables à la Communauté. La Banque centrale européenne est insérée dans un cadre juridique qui en établit et en sauvegarde l'indépendance dans la mise en œuvre de la politique monétaire.

Indépendance, nous le verrons plus loin, ne signifie pas que la Banque centrale européenne n'a rien à voir avec les objectifs généraux de l'Union européenne. Il s'agit de fait d'une institution communautaire qui contribue à la pleine réalisation de l'Union européenne et qui a des rapports de coopération avec les autres institutions (nous analyserons au chapitre 4 ceux de ces rapports qui revêtent la plus grande importance pour la politique économique).

Pour la Banque centrale européenne, le traité de Maastricht a adopté un modèle de banque centrale qui englobe, comme on l'a dit, la « technologie » du contrôle de la monnaie qui s'est graduellement affirmée comme la plus efficace et qui est aujourd'hui amplement partagée par les sciences économiques, juridico-constitutionnelles et politiques. Le principe de ce modèle, expérimenté avec succès en Allemagne avec la Bundesbank, est d'attribuer à la Banque centrale, en vertu de la loi, l'objectif principal de la stabilité des prix, ainsi que les pouvoirs inhérents à la réalisation de cet objectif, à exercer en toute autonomie. Un autre modèle s'oppose à ce dernier et tend à assujettir également la politique monétaire aux libres choix du pouvoir exécutif, qui trouve sa légitimation dans le Parlement élu démocratiquement. Selon les partisans de ce dernier modèle, le fait d'octroyer l'indépendance, dans la mise en œuvre de la politique monétaire, à une institution qui ne répond pas politiquement au Parlement, déterminerait une carence intolérable de contrôle démocratique.

Cette position a été longtemps soutenue, surtout par la France et le Royaume-Uni. Comme mentionné plus haut, après avoir signé le traité, la France a toutefois radicalement revu les statuts de sa banque centrale, lui donnant ainsi l'indépendance quant à la formulation et la gestion de la politique monétaire. Les autres pays européens ont, eux aussi, quoique dans une mesure différente, modifié l'assise institutionnelle de leurs banques centrales afin de la rendre cohérente avec le traité de Maastricht.

Certains indices servant à mesurer, bien qu'avec une certaine marge de subjectivité, l'indépendance des banques centrales s'avèrent utiles afin d'évaluer les changements mis en œuvre depuis la signature du traité de Maastricht. Une valeur des indices égale à *zéro* correspond à une soumission totale de la banque centrale au gouvernement tandis qu'une valeur égale à *un* correspond à l'indépendance totale. En moyenne, les banques centrales de l'Union européenne (à l'exclusion du Royaume-Uni et du Portugal) avaient un indice d'environ 0,40 avant le traité de Maastricht, et la Bundesbank elle-même avait un indice d'environ 0,65. Maintenant, les banques centrales nationales sont alignées à la Banque centrale européenne sur une valeur proche de 0,90. Bien que les indicateurs mentionnés ne puissent pas être totalement objectifs, le saut vers l'indépendance des banques centrales européennes est évident.

Le Royaume-Uni était resté longtemps à l'écart de ce processus. Toutefois, juste quelques jours après son entrée en fonction, en mai 1997, le nouveau gouvernement britannique a annoncé une importante réforme de la Banque d'Angleterre en vue d'en accroître l'indépendance dans la conduite de la politique monétaire. La décision a été adoptée indépendamment du traité de Maastricht, dans lequel le Royaume-Uni, ainsi que le Danemark, ont inséré une clause leur permettant de garder leur monnaie et de ne pas adopter l'euro. Il est toutefois important de noter que l'idée d'une banque centrale indépendante, visant à la stabilité des prix, s'est affirmée également au Royaume-Uni.

L'expérience concrète et la théorie économique ont contribué au succès de cette idée. L'expérience a prouvé que, depuis que les monnaies ont acquis un caractère totalement fiduciaire et que leur valeur ne correspond plus à une certaine quantité d'or, la monnaie est acceptée parce que les citoyens savent que l'institution qui l'émet s'engage à en sauvegarder le pouvoir d'achat en termes de biens et services dans le temps. Cela explique, par exemple, que dans les pays sujets à une inflation excessive on constate un refus de la monnaie nationale et l'on voit circuler, en fait, des devises étrangères considérées plus fiables.

Au-delà de la pathologie extrême de l'hyper-inflation, l'analyse des données a fait apparaître l'existence d'un important lien entre l'indépendance de la banque centrale et la stabilité des prix. Les pays qui se sont dotés d'une banque centrale indépendante ont mieux réussi à réaliser l'objectif de la protection du pouvoir d'achat, de la confiance dans leur monnaie.

En même temps, l'examen des données relatives à un grand nombre de pays n'a souligné aucun effet négatif de l'indépendance de la banque centrale sur la croissance économique. Donc, la crainte qu'une banque centrale visant à maintenir la stabilité des prix puisse nuire à la croissance en adoptant une attitude excessivement rigoureuse n'est nullement confirmée. Un rare cas de « *free lunch* » (repas gratuit) semble ainsi se définir : alors qu'en économie, dit-on, aucun repas n'est gratuit et tout finit par se payer, une banque centrale indépendante n'offre que des avantages, en termes de limitation de l'inflation, qui ne doivent pas être payés par une détérioration du comportement des autres variables économiques.

La théorie économique a proposé plusieurs explications au fait qu'une banque centrale indépendante obtient de meilleurs résultats dans le contrôle de l'inflation. L'explication la plus radicale, au point d'assumer une teinte idéologique, part de l'hypothèse que les hommes politiques et les bureaucrates ne sont pas au service de la collectivité mais poursuivent leurs propres objectifs. Par conséquent, ce n'est qu'en imposant des règles contraignantes que l'on peut limiter ce comportement : une banque centrale sans pouvoir discrétionnaire, éloignée du gouvernement, obligée à se conformer à un comportement préfixé, constituerait ainsi un élément de discipline précieux. Cette thèse, terriblement généralisante et pouvant mener, à l'extrême, au remplacement des banques centrales par des ordinateurs, ne rencontre pas un fort consensus. En revanche, la théorie selon laquelle il existe le risque que le gouvernement puisse être tenté par le contrôle politique sur la banque centrale semble convaincre davantage. La perspective du bénéfice, aussi bref soit-il, d'un niveau d'activité économique plus soutenu ou d'un financement plus aisé du déficit public, à travers la création additionnelle de monnaie, peut constituer une tentation irrésistible, bien que l'on sache ce qu'il en coûte, à moyen terme, à la stabilité des prix. Toutefois, les opérateurs économiques, conscients de la tentation que subit le gouvernement, anticipent l'inflation dans leurs attitudes. À la fin, le simple fait que le gouvernement soit soumis à la tentation de la création monétaire cause l'inflation, sans aucun bénéfice pour l'activité économique et avec de moindres effets pour le financement du déficit. Une banque centrale indépendante qui doit respecter la règle du maintien de la stabilité des prix, éloigne la tentation du gouvernement et rassure les opérateurs économiques quant au fait qu'il n'y aura pas d'inflation, ni pertes en termes de résultats économiques. De même qu'Ulysse, attiré par le chant des Sirènes, ne risque pas de briser son vaisseau sur les récifs parce qu'attaché au mât du navire, ainsi une banque centrale indépendante maintient l'économie loin de l'inflation.

2.3 L'indépendance de la Banque centrale européenne

La Banque centrale européenne, comme les banques centrales nationales de l'Union européenne, agit donc avec la contrainte d'un objectif fixé par la loi. En revanche, elle exerce un vaste pouvoir discrétionnaire dans l'utilisation des instruments de la politique monétaire. Sur bien des aspects, la Banque centrale européenne peut être inscrite dans la catégorie des « autorités » indépendantes, qui ne sont pas soumises hiérarchiquement au gouvernement et auxquelles la loi attribue un objectif bien défini (par exemple, la sauvegarde de la concurrence) ainsi qu'un pouvoir discrétionnaire administratif adéquat pour atteindre l'objectif en question.

L'institution de banques centrales indépendantes et, de façon plus générale, des « autorités », enrichit la tripartition traditionnelle des pouvoirs : le législatif, qui fixe les règles générales de la société; l'exécutif, qui règle l'exercice du pouvoir discrétionnaire politique; le judiciaire, qui fait respecter la loi. Une catégorie intermédiaire vient en effet se créer entre le pouvoir discrétionnaire du gouvernement et le comportement « obligé » de l'organe judiciaire. Les banques centrales sont, tout comme l'organe judiciaire, entièrement assujetties à la loi pour ce qui est de l'objectif principal. Le pouvoir discrétionnaire reste toutefois nécessaire car les connaissances dont on dispose sur l'effet que la politique monétaire peut exercer sur l'économie ne permettent pas de rédiger un « code de la politique monétaire » qui, tel un code pénal ou civil, prévoie en détail les cas possibles et les règles applicables.

La structure de la Banque centrale européenne est donc cohérente avec une synthèse entre les deux positions : la keynésienne, qui souligne la nécessité du pouvoir discrétionnaire, et la monétariste qui, au contraire, privilégie les règles. De la première naît l'idée que la régulation monétaire est une activité complexe qui ne peut pas être reportée à des formules simplistes comme celle suggérée par Milton Friedman qui propose un taux de croissance constant pour la monnaie. De la seconde, elle accepte le principe que la régulation monétaire doit viser avant tout à la stabilité des prix et que l'inflation est, pour finir, un phénomène monétaire qui peut être éliminé à travers le contrôle de la monnaie. La querelle entre les partisans des « règles » et ceux du « pouvoir discrétionnaire » trouve une solution : une règle contraignante détermine le but; le pouvoir discrétionnaire est nécessaire aux instruments.

La séparation de l'activité de la banque centrale de celle proprement discrétionnaire du gouvernement explique également de quelle manière il est possible de mettre en commun les monnaies de l'Union européenne malgré l'absence d'un véritable gouvernement européen. Un système de *checks and balances*, contrôles et équilibres, à l'égard de l'autorité monétaire sera moins nécessaire si cette dernière est totalement privée du pouvoir discrétionnaire quant au but de son action. À une banque centrale à laquelle la loi ordinaire ou la constitution assigne un objectif précis et contrôlable, comme le maintien de la stabilité des prix, on ne peut par la suite donner de nouveaux ordres qui s'avéreraient inutiles s'ils confirment l'objectif principal ou contradictoires s'ils s'en éloignent. Toutefois, de même que l'on parle d'indépendance du gouvernement, on pourrait parler de dépendance totale de la banque centrale vis-à-vis de la loi.

La condition de l'indépendance a été prévue pour la Banque centrale européenne dès les travaux préparatoires du Comité Delors. Le traité a pleinement accepté les recommandations du Rapport Delors et les a traduites par un ensemble organique de normes.

En analysant l'indépendance d'une banque centrale, quatre aspects peuvent être considérés, à savoir les aspects institutionnel, instrumental, personnel, financier.

Pour l'aspect institutionnel, il faut se référer à l'article 107 du traité. Cet article établit l'autonomie de la banque par rapport aux gouvernements des États membres ainsi que des institutions et organes communautaires. Il prévoit, en effet, que ni la Banque centrale européenne, ni une banque centrale nationale, ni un membre quelconque de leurs organes de décision, dans l'exercice de leurs fonctions, ne peut solliciter ni accepter des instructions des institutions ou organes communautaires, des gouvernements des États membres, ou de tout autre organisme. Le même article engage les gouvernements et les organes communautaires à respecter le principe d'indépendance de la Banque. Par conséquent, tout rapport de dépendance hiérarchique des membres de ses organes de décision vis-à-vis des gouvernements et des institutions communautaires est exclu. Les rapports entre ces autorités, qu'ils soient formalisés dans le traité ou informels, seront empreints de coopération dans le respect des autonomies réciproques.

L'indépendance instrumentale de la Banque centrale européenne indique la capacité d'utiliser les instruments de la politique monétaire de manière cohérente avec la réalisation de son objectif principal. (Les instruments de la politique monétaire et le cadre conceptuel qui les inclut sont analysés au chap. 7) À cet égard, le cadre juridique est représenté par l'article 105, § 2 du traité qui identifie, parmi les tâches fondamentales du Système européen de banques centrales, celle de « définir et mettre en œuvre la politique monétaire de la Communauté ». Le principe de l'interdiction du financement monétaire du déficit public, établi à l'article 104 du traité, revêt également une très grande importance. Sur la base de cette interdiction, la Banque centrale européenne et les banques centrales nationales ne peuvent accorder, sous aucune forme, de crédits à des sujets publics, communautaires ou nationaux. L'interdiction est étendue à l'acquisition, au moment de l'émission, de titres de ces mêmes sujets. Une « grande muraille » a ainsi été érigée entre l'État et la banque centrale, empêchant à celui-là d'utiliser celle-ci pour financer le déficit public par la création de monnaie. On élimine ainsi le risque qu'une banque centrale, contrainte de fournir un crédit au gouvernement, perde le contrôle des agrégats monétaires, importants pour le cours des prix. L'expérience historique de nombreux pays montre que les banques centrales subordonnées aux gouvernements ont souvent été utilisées par ces derniers pour financer le déficit public au moyen de la création additionnelle de monnaie, entre autres, contre l'achat de titres publics au moment de l'émission.

L'indépendance personnelle concerne les garanties de stabilité des membres des organes de direction de la Banque centrale européenne (composition et fonctions décrites au chap. 5), les mettant à l'abri de pressions exercées sous la menace de révocation du mandat ou la promesse d'un renouvellement de celui-ci. La durée du mandat des membres du directoire de la Banque centrale européenne est fixée à huit ans et il ne peuvent être relevés de leurs fonctions que s'ils ne satisfont plus aux conditions requises pour l'accomplissement de leur tâche (par exemple, en présence d'une infirmité grave et persistante) ou s'ils ont commis des fautes graves. Un recours peut être déposé auprès de la Cour de justice contre une décision de révocation. Le traité établit que les gouverneurs des banques centrales nationales qui sont membres du conseil des gouverneurs de la Banque centrale européenne restent en charge pendant une période non inférieure à cinq ans; pour ces derniers, des garanties semblables à celles qui protègent les membres du directoire sont prévues quant à la révocation de la charge.

Enfin, l'indépendance financière peut être définie comme la capacité d'une institution de faire face aux dépenses de gestion et d'investissement avec les recettes de son activité. Les risques de subordination qui se présenteraient si le fonctionnement des banques centrales dépendait, ne serait-ce que partiellement, des financements publics sont évidents. Les statuts prévoient que le seigneuriage, à savoir le revenu obtenu par les banques centrales dans l'exercice de la politique monétaire, qui sera plus amplement traité au chapitre 6, reste à l'intérieur du Système européen de banques centrales.

2.4 Indépendance et non-isolement

Dans un régime démocratique, l'indépendance et le contrôle sont complémentaires. Toute institution indépendante doit être soumise à des formes adéquates de contrôle en vue d'attester non seulement la conformité de son comportement aux lois (cela va de soi dans un état de droit), mais également le respect des valeurs qui ont une priorité élevée dans la sensibilité sociale et politique des citoyens.

Le traité et les statuts ont prévu une série de dispositions qui font de la Banque centrale européenne une institution susceptible de contrôle (*accountable* en anglais), comme requis dans les pays à démocratie représentative.

Pour commencer, l'acte de naissance de la Banque centrale européenne est parfaitement démocratique : le traité et les statuts, qui en définissent les finalités et en délimitent le domaine d'opération, ont été ratifiés par les citoyens des États membres de l'Union européenne directement, par référendum, ou indirectement, par le vote des Parlements élus par les citoyens.

La nomination du président et des autres membres du directoire engage au plus haut niveau, l'autorité politique des pays membres et les représentants élus par les citoyens de l'Union. L'article 109 A, § 2.b) du traité prévoit en effet qu'ils soient nommés « d'un commun accord par les gouvernements des États membres au niveau des chefs d'État ou de gouvernement, sur recommandation du Conseil et après consultation du Parlement européen et du conseil des gouverneurs de la BCE ».

Le président du Conseil des ministres des finances et de l'économie de l'Union européenne et un membre de la Commission peuvent participer, sans droit de vote, aux réunions du conseil des gouverneurs de la Banque centrale européenne, auquel le président du Conseil des ministres des finances et de l'économie peut également soumettre une motion. Parallèlement, le président de la Banque centrale européenne est invité à participer aux réunions du Conseil des ministres des finances et de l'économie lorsque sont examinées des questions relatives aux objectifs et aux tâches du Système européen de banques centrales. C'est ainsi que sont institutionnalisées des occasions de rencontre entre gouvernements nationaux, Commission et haute direction de la banque afin que, dans le respect des responsabilités propres à chaque institution, se réalise la collaboration que le traité exige pour la réalisation des objectifs généraux de la Communauté, dont nous parlerons plus amplement par la suite.

La Banque centrale européenne est tenue de présenter un rapport annuel au Parlement européen, au Conseil européen et au Conseil des ministres de l'Union européenne, ainsi qu'à la Commission sur l'activité du Système européen de banques centrales et sur la politique monétaire en cours d'application. Le Parlement européen peut ouvrir un débat général au sujet de ce rapport. Il est en outre possible d'effectuer des auditions, devant les commissions compétentes du Parlement européen, du président de la Banque centrale européenne et des autres membres du directoire. Les gouvernements des États membres et le Parlement européen ont donc plusieurs occasions d'évaluer la conduite de la Banque centrale européenne, de contrôler la cohérence de l'action de politique monétaire avec les finalités qui lui sont attribuées par le traité, de manifester, s'ils le considèrent opportun, des positions critiques.

Les statuts prévoient, enfin, des obligations de diffusion périodique d'informations d'ordre comptable, ainsi que d'explication de la politique monétaire suivie. Chaque semaine est publiée une situation financière consolidée du Système européen de banques centrales; tous les mois, des rapports sur les activités du Système; les deux documents sont gratuitement à la disposition des personnes intéressées. Les comptes de la Banque centrale européenne (bilan et compte de résultats) sont publiés tous les ans. Enfin, la comptabilité est soumise à la vérification de commissaires aux comptes externes qui ont les « pleins pouvoirs pour examiner tous les livres et documents comptables de la Banque centrale européenne… »

Cet ensemble de contraintes de transparence offre aux médias, aux chercheurs, à l'opinion publique, la possibilité de suivre constamment l'action de la Banque centrale européenne, de l'évaluer et de la critiquer. Aucune sanction n'est prévue pour comportement illicite de la Banque centrale, si ce n'est une éventuelle intervention de la Cour de justice dans des cas extrêmes de comportement illégitime de la banque centrale ou de faute grave d'un membre du directoire. Toutefois, le risque de perdre la crédibilité et la confiance suffit à en discipliner l'action.

Chapitre 3

Le système européen de banques centrales

3.1 Un système fédéral

La Banque centrale européenne et les 15 banques centrales nationales – les 11 qui ont déjà adopté l'euro et les 4 qui ne l'ont pas encore fait – forment le Système européen de banques centrales. Ce dernier n'a pas de personnalité juridique, contrairement aux banques centrales qui le composent, y compris la Banque centrale européenne. Le Système européen de banques centrales est dirigé par les organes directeurs de la Banque centrale européenne. Le Système est donc un organe complexe : une direction unique garantit l'unicité des comportements dans la mise en œuvre de la politique monétaire, largement décentralisée vers les banques centrales nationales.

La cohabitation entre le caractère central des décisions et la décentralisation des activités d'analyse et des opérations, qui sera le sujet du paragraphe suivant, constitue le banc d'essai pour l'efficacité du modèle institutionnel choisi pour la définition et la mise en œuvre de la politique monétaire de l'Union européenne. Le Système européen de banques centrales, tout en constituant un modèle qui présente des caractéristiques dérivées des systèmes fédéraux existants est pourtant très particulier : il ne s'agit pas d'un organe d'un État fédéral, pourvu d'un gouvernement central avec des responsabilités politiques couvrant l'entière fédération et d'un budget fédéral relativement important. Les institutions nationales se réunissent en un ensemble supranational, auquel les pays membres confient la gestion de la politique monétaire unique, en mettant en commun la souveraineté monétaire. On continue ainsi à poursuivre le concept d'intégration fonctionnelle de Jean Monnet, qui prévoit une méthode d'intégration entièrement nouvelle, fondée sur la mise en commun de certaines fonctions, quelle que soit leur importance, et non pas sur la constitution d'un État supranational.

Les exemples les plus importants d'autorités monétaires fédérales avec lesquels pouvoir comparer le Système européen de banques centrales sont fournis par les États-Unis et l'Allemagne.

Aux États-Unis est en vigueur le Système de la réserve fédérale (*Federal reserve system*), constitué par un conseil des gouverneurs (*Board of governors*) et par douze banques de la réserve fédérale (*Federal reserve banks*), dont chacune exerce ses compétences dans un district, composé à son tour de plusieurs états. Le conseil des gouverneurs, formé par sept membres nommés par le Président des États-Unis et confirmés par le Sénat, a la responsabilité de la politique monétaire nationale. Il a de vastes pouvoirs de contrôle sur les opérations mises en place par les banques de la réserve fédérale, qui doivent être conformes aux décisions du Comité fédéral pour les opérations d'*open market* (*Federal Open Market Committee*). À ce comité revient la tâche fondamentale de régler les conditions monétaires du pays.

Ce comité est composé des sept membres du conseil des gouverneurs, qui en constituent la majorité, et de cinq présidents des banques de la réserve fédérale (dont celui de New York est toujours présent, alors que les autres participent à tour de rôle). C'est donc au sein du comité que, tout en participant d'une façon discontinue, les représentants des états qui forment la fédération contribuent à la définition de la politique monétaire fédérale. Le modèle américain est caractérisé par un centre de décision, auquel participent les représentants des états, qui n'a pas de pouvoirs opérationnels. Ces derniers sont en revanche concentrés dans la banque de la réserve fédérale de New York, en raison du rôle dominant que joue cette place financière, également sur le plan international. Les capacités analytiques, de recherche et de soutien aux décisions s'expriment aussi bien auprès du conseil des gouverneurs que des banques de la réserve fédérale.

En Allemagne, la politique monétaire et de crédit a été gérée, avant d'être confiée à la Banque centrale européenne, par la Banque fédérale allemande (Deutsche Bundesbank), avec la tâche première, établie par la loi, de défendre la stabilité de la monnaie et, en toute compatibilité avec cette dernière, de soutenir la politique économique du gouvernement fédéral. Un directoire, composé actuellement de huit membres, est au sommet de la Bundesbank. Contrairement au cas américain, la Banque fédérale allemande jouit d'un large pouvoir opérationnel. Elle entretient en effet des rapports avec l'État fédéral, avec les établissements de crédit qui œuvrent sur tout le territoire fédéral; elle exécute des opérations sur le marché des changes; elle effectue des opérations d'*open market*. Le système allemand est complété par les banques centrales régionales (*Landeszentralbanken*), qui jouissent d'une grande autonomie au niveau de l'organisation et ont des fonctions opérationnelles, notamment avec les gouvernements régionaux et avec les banques locales. Dans les opérations, les banques régionales étaient d'ailleurs subordonnées, avant l'Union monétaire, aux décisions de politique monétaire et de crédit du Conseil de la banque centrale (*Zentralbankrat*), l'organe suprême de décision. Ce dernier est composé des membres du directoire et des neuf présidents des banques centrales régionales. C'est ici qu'ont été adoptées, jusqu'au démarrage de l'Union monétaire européenne, les décisions de politique monétaire.

3.2 Centralisation des décisions, décentralisation analytique et opérationnelle

Le système fédéral européen partage, avec le système américain, et le système allemand précédant le Système européen de banques centrales, la caractéristique d'avoir à son sommet un organe de décision unique. Il se distingue de ces systèmes par son degré plus élevé de décentralisation tant des fonctions analytiques de soutien aux décisions que des fonctions opérationnelles.

En ce qui concerne les fonctions analytiques, les banques centrales nationales – notamment celles de dimensions plus importantes – sont dotées au départ de services de recherche très vastes, jouissant de traditions et de capacités considérables. Il suffit de penser que la seule direction générale de la recherche de la Banque de France a une dimension semblable à celle des structures qui remplissent les mêmes fonctions auprès de la Banque centrale européenne. Depuis la constitution du Système européen de banques centrales, dans le domaine de la politique monétaire, les structures des banques centrales nationales préposées à l'analyse remplissent leur rôle de support aux décisions en fournissant principalement des données, des solutions, des idées, des propositions à leur gouverneur, en vue de la participation au conseil des gouverneurs de la Banque centrale européenne. Ici, sans doute, la contribution aux décisions de la banque sera d'autant plus marquante et utile qu'elle saura dépasser les limites nationales pour s'élever au niveau d'une perspective européenne.

Pour ce qui est des compétences opérationnelles, la disposition des statuts, suivant laquelle la Banque centrale européenne recourt « dans la mesure jugée possible et adéquate » aux banques centrales nationales « pour l'exécution des opérations faisant partie des missions du SEBC » a été interprétée de manière extensive. Par cette disposition, les statuts se sont conformés à leur tour au principe de subsidiarité qui, aux termes du traité de Maastricht, doit inspirer la Communauté tout entière. Ce principe prévoit que les organes communautaires ne se substituent aux organes des États membres que lorsque la réalisation de certains objectifs peut s'effectuer plus efficacement au niveau communautaire.

La décentralisation opérationnelle est non seulement très accentuée, mais elle met également toutes les banques centrales en situation de parité, en tenant naturellement compte de leurs dimensions et des capacités opérationnelles correspondantes. En général toute opération, pour sa mise en œuvre, est répartie parmi toutes les banques centrales nationales participantes.

La décentralisation des opérations de politique monétaire signifie, avant tout, que les établissements de crédit vont continuer à maintenir leurs liquidités en dépôts auprès de la banque centrale nationale du pays de résidence, et non auprès de la Banque centrale européenne. Avec le débit ou le crédit de ces dépôts, les banques pourront régler les opérations interbancaires avec la garantie la plus totale de bonne fin, car une disponibilité auprès d'une banque centrale est toujours liquide (une banque centrale ne fait jamais faillite !).

Les comptes des banques qui résident en France se trouveront donc auprès de la Banque de France, ceux des banques allemandes auprès de la Bundesbank, et ainsi de suite. Les opérations visant à régler les liquidités et les taux d'intérêt sur le marché monétaire seront réalisées par les différentes banques centrales nationales. La décentralisation est assez poussée également pour ce qui est des opérations de change et pour la gestion des réserves en devises (Pour une description de toutes ces opérations, v. chap. 7).

Deux autres fonctions décentralisées importantes sont la fabrication des billets de banque en euro ainsi que la collecte et l'élaboration des statistiques monétaires et financières : deux activités qui exigent le travail de plusieurs centaines de personnes. Alors que la frappe des pièces est confiée aux différentes monnaies nationales, sous le contrôle de leurs gouvernements respectifs, l'impression des billets de banque est répartie entre les différentes banques centrales nationales, ce qui permet de sauvegarder les considérables investissements en machines et équipements aussi bien que le patrimoine d'expériences professionnelles accumulé dans le temps par ces mêmes banques. Le recueil de données statistiques, notamment auprès des intermédiaires de crédit, et l'élaboration des statistiques monétaires et financières sont également laissés aux banques centrales nationales qui possèdent déjà les équipements, matériels et immatériels, nécessaires pour accomplir cette mission et disposent d'une plus grande facilité de contact avec les intermédiaires nationaux. La Banque centrale européenne a en revanche la tâche de réunir les statistiques provenant des différents pays pour produire les agrégats de toute la zone, essentiels au développement de la politique monétaire.

Il faut renoncer à la décentralisation opérationnelle lorsque des circonstances particulières rendent nécessaire l'intervention de l'organe central. Par exemple, la nécessité, imprévue et urgente, de mettre en circulation ou d'absorber des liquidités, entre autres afin d'assurer le bon fonctionnement du système des paiements, peut exiger que l'opération soit menée au niveau central plutôt qu'à travers un grand nombre de banques centrales nationales. De même, si des conditions de désordre devaient se présenter sur le marché des changes, par exemple à la suite d'une soudaine crise politico-militaire quelque part dans le monde, une intervention centralisée d'achat ou de vente de devises pourrait s'avérer plus rapide et efficace que les interventions fractionnées de plusieurs banques centrales nationales. Pour ces raisons, la Banque centrale européenne est dotée des ressources humaines, techniques et informatiques qui lui permettent une capacité opérationnelle sur le marché monétaire et sur le marché des changes.

L'importante décentralisation réalisée en Europe tend à respecter l'histoire, souvent séculaire, des banques centrales nationales, ainsi qu'à en valoriser le patrimoine de connaissances et de capacités analytiques, d'expérience opérationnelle et de connaissance des systèmes bancaires et financiers respectifs; elle atténuera également les effets négatifs d'un passage brusque d'une assise nationale à une assise supranationale. La décentralisation vise aussi à prévenir le risque que la forte concurrence qui caractérise les places financières européennes soit détournée par la concentration des opérations relevant du Système européen de banques centrales sur la place de Francfort, siège de la Banque centrale européenne. Ce sont surtout les banques centrales des pays les plus grands de l'Union européenne qui se sont battues en faveur de la décentralisation, car elles avaient davantage à perdre d'une centralisation auprès de la Banque centrale européenne.

Du point de vue de l'organisation, la centralisation totale des décisions, associée à la vaste décentralisation des activités d'analyse et des opérations pose des problèmes complexes qui ont exigé des solutions innovatrices.

En premier lieu, on a cherché les instruments d'organisation susceptibles de permettre aux effectifs de la Banque centrale européenne, relativement limités puisqu'ils correspondent à environ 550 personnes, de coopérer avec les effectifs beaucoup plus nombreux qui travaillent dans les banques centrales nationales. Au total, dans les banques centrales de l'Union européenne travaillent environ 65 000 personnes. Un nombre considérable de celles-ci remplit des tâches se trouvant hors de la compétence de la Banque centrale européenne – dont nous parlerons brièvement plus loin – ou des fonctions d'administration autonome. Reste la nécessité de faciliter une coordination serrée entre la « petite » Banque centrale européenne et les « grandes » banques centrales nationales. À cet effet, ont été constitués 11 comités et de nombreux groupes de travail qui en dépendent. Les comités, composés par des experts des banques centrales nationales et de la Banque centrale européenne, encouragent de façon permanente les améliorations de la structure et des instruments de la politique monétaire et de change, du fonctionnement et des infrastructures du système des paiements. Ils s'occupent, en général, de toutes les questions de fond concernant l'activité de la banque centrale mais aussi de toutes les activités de soutien, telles que la communication et les installations informatiques. Sur la base de ce contrôle permanent, soutenu par l'analyse, les comités élaborent des propositions de transformation et de développement pour la Banque centrale européenne, qui reste responsable de leur adoption et ensuite de leur mise en œuvre, même si cette dernière est en partie confiée aux banques centrales nationales.

Un deuxième instrument adopté pour assurer l'interaction entre la tête, constituée par la Banque centrale européenne, et les bras, représentés par les banques centrales nationales, est celui des liaisons télématiques, qui constituent presque le système nerveux du SEBC. Dans ce domaine, la démarche a été pragmatique. Les nécessités de communication entre les banques centrales nationales et la Banque centrale européenne ont été adaptées aux facteurs suivants : temps disponible limité, désir de contenir les coûts, forte hétérogénéité caractérisant les systèmes d'information des différentes banques centrales nationales. Ces raisons ont porté au rejet d'une solution d'intégration totale. L'architecture qui a été alors adoptée présente trois caractéristiques fondamentales : la configuration en éventail, qui voit la Banque centrale européenne au centre du système d'information; la différenciation des solutions selon les secteurs; l'utilisation de systèmes ouverts et de modalités flexibles d'interconnexion entre les systèmes.

Examinons ces différentes caractéristiques l'une après l'autre. La configuration en éventail signifie que seulement la

Banque centrale européenne dispose immédiatement de toutes les informations qui peuvent ensuite être acheminées vers la périphérie, suivant les délais et les modalités qu'elle établit. En ce qui concerne la différenciation des solutions choisies, elle émerge immédiatement à la suite d'un examen, si rapide soit-il, de ces dernières. Toutes les banques centrales nationales et la Banque centrale européenne sont reliées par un système de téléconférence qui permet de réunir rapidement les responsables d'une fonction déterminée, y compris, si nécessaire, les membres de la direction, jusqu'aux gouverneurs. Inspiré au même principe, le réseau de courrier électronique relie les banques centrales à la Banque centrale européenne et permet l'échange de l'information écrite. En outre, des canaux de transmission ont été établis entre les systèmes informatiques des différentes banques centrales, afin d'envoyer à la Banque centrale européenne les données relatives aux éléments de bilans des banques centrales nationales, indispensables pour la conduite de la politique monétaire et des changes. Par les mêmes canaux, la Banque centrale européenne envoie aux banques centrales nationales les instructions pour la mise en œuvre des opérations et les banques centrales nationales, à leur tour, informent le centre des résultats de ces opérations. Un degré d'intégration plus poussé a pu être réalisé dans deux autres domaines. Dans la gestion des réserves de la Banque centrale européenne qui sont confiées, comme nous le verrons au chapitre 7, aux banques centrales nationales, celles-ci utilisent, sur une base décentralisée, un système central à la place du système national. Dans la gestion des paiements interbancaires en temps réel, le dénommé *Target* décrit au chapitre 7, on a réalisé une intégration presque complète des systèmes nationaux avec le système central, afin d'assurer un transfert de fonds pratiquement instantané dans toute la zone. Enfin, dans ce domaine, on trouve un exemple de l'utilisation de systèmes d'interconnexion flexibles : pour la liaison entre les banques centrales on utilise le canal Swift, un réseau ouvert de communication et d'échange désormais utilisé par presque toutes les institutions financières du monde.

Dans l'ensemble, à travers le réseau des connexions télématiques on vise à rendre insignifiante la localisation en plusieurs centres du Système européen de banques centrales, en remplaçant la proximité physique par l'échange d'informations, le contact télématique, le partage des systèmes. Il ne fait pas de doute, cependant, que le réseau télématique du Système européen des banques centrales doive devenir plus efficace au fil du temps pour assurer en toute circonstance l'unicité de la politique monétaire. En outre, sans qu'aucune action formelle ne soit nécessaire, les systèmes d'information des banques centrales nationales tendront à devenir plus semblables l'un à l'autre et à celui de la Banque centrale européenne, en augmentant les possibilités et en diminuant les coûts de l'intégration. Restera en tout cas la configuration en éventail du système, qui fait que l'information est concentrée auprès de la Banque centrale européenne avant d'être distribuée, si nécessaire, aux banques centrales nationales.

L'expérience va montrer dans quelle mesure il sera possible de concilier l'efficacité et la décentralisation. Le modèle d'organisation choisi en Europe est sans précédent. Il s'applique à des pays qui ont des histoires et des traditions monétaires diverses, qui ont des systèmes bancaires et financiers avec différents niveaux d'efficacité. Sur ces diversités vient s'insérer l'élément unifiant représenté par la monnaie unique et par un organe de décision supranational auquel est confiée la responsabilité de la politique monétaire unique. La structure initiale du Système européen des banques centrales est évidemment influencée par les conditions historiques dans lesquelles elle a commencé à opérer. Si le Système avait dû être créé à partir du néant ses caractéristiques auraient été différentes. De surcroît, il est possible qu'à long terme, il se produise un glissement des responsabilités et des fonctions en direction de la Banque centrale européenne. Trois facteurs peuvent contribuer à ce phénomène : en premier lieu, l'avantage d'information qui dérive à la banque de sa position centrale par rapport aux procédures informatiques du Système; ensuite la complexité dérivant de la parcellisation des opérations du Système entre toutes les banques centrales participantes, destinée à devenir de moins en moins acceptable au fur et à mesure que diminuera l'exigence d'utiliser les ressources, humaines et matérielles, existant dans les banques centrales nationales. Enfin, le fait qu'il sera plus facile de mettre en œuvre d'une manière centralisée les innovations opérationnelles qui se rendront disponibles. Sur un plan plus général, les progrès que les pays européens réaliseront en direction de l'union politique vont influer, de toute évidence, sur une telle évolution.

3.3 Le rôle qui revient aux banques centrales nationales

Dans le Système, la décentralisation étendue des opérations et des fonctions analytiques de soutien aux décisions et la participation des gouverneurs des banques centrales nationales aux travaux du conseil des gouverneurs, dont nous reparlerons plus en détail au chapitre 5, impliquent une structure plus décentralisée qu'aux États-Unis ou en Allemagne. Ce résultat est dû entre autres au fait que les banques centrales nationales peuvent également remplir des fonctions non reliées à celles du Système européen de banques centrales, à condition qu'elles n'interfèrent pas « avec les objectifs et les missions du SEBC ». Les statuts établissent que, pour ces fonctions, les banques centrales nationales agissent sous leur propre responsabilité et ne sont pas considérées comme parties du Système.

Parmi ces fonctions, la plus importante, remplie par plusieurs banques centrales nationales, est celle du contrôle prudentiel sur les systèmes bancaires, les marchés financiers, les intermédiaires non bancaires. C'est le cas, par exemple, de la Banque de France.

Dans le cas du contrôle prudentiel des établissements bancaires également, on expérimente en Europe un système tout à fait innovateur, susceptible de présenter des développements intéressants mais aussi des risques potentiels. En substance, les normes primaires réglant l'intermédiation de crédit et de finance sont désormais établies au niveau de l'Union européenne, au moyen de directives. Le contrôle prudentiel des intermédiaires est en revanche confié aux autorités nationales : des banques centrales dans sept pays, d'autres autorités ailleurs.

En matière de contrôle prudentiel, un rôle mineur est confié au Système européen des banques centrales. En premier lieu, cela concerne les échanges d'informations et d'expériences. À cette fin, on a constitué, à l'intérieur du Système européen des banques centrales, un comité pour le contrôle prudentiel des établissements bancaires auquel participent des représentants des banques centrales nationales et des autres autorités de contrôle bancaire. En outre, une norme du traité, l'article 105, § 6, établit, sur décision unanime du Conseil des ministres des finances et de l'économie de l'Union européenne, la possibilité de confier des fonctions de contrôle prudentiel au Système européen des banques centrales.

Les faibles responsabilités du Système européen de banques centrales dans le domaine du contrôle prudentiel dérivent de l'opposition entre deux positions différentes, apparues lors des débats qui ont conduit au traité de Maastricht. D'un côté, certains pays soutenaient qu'il existe un lien nécessaire entre la politique monétaire et le contrôle prudentiel. Ce lien se manifesterait notamment dans la fonction de « prêteur de dernière instance » que joue la banque centrale lorsqu'une banque, tout en restant saine du point de vue économique, se trouve dans l'impossibilité d'emprunter les fonds dont elle a besoin pour répondre à ses engagements. En empêchant qu'une crise de liquidités se transforme en une faillite bancaire, la banque centrale viendrait jouer un rôle qui est à la limite entre la fonction monétaire et celle de contrôle prudentiel, et qui ne peut être accompli efficacement que par une institution engagée dans ces deux fonctions. La position de ceux qui voulaient confier des missions de contrôle prudentiel au Système européen de banques centrales s'est souvent résumée dans la critique que la Banque centrale européenne, avec son mandat précis de maintenir la stabilité des prix, aurait une optique trop limitée. Cela rendrait difficiles le développement et l'approfondissement des systèmes financiers qui exigent, au contraire, une autorité en mesure d'intervenir, si nécessaire, pour les stabiliser. D'autres pays ont en revanche soutenu qu'une banque centrale peut être détournée de l'objectif principal de la stabilité des prix si elle est responsable, en même temps, de la stabilité du système bancaire. À cette considération, ceux qui se sont opposés à ce que soient attribuées au Système européen de banques centrales des fonctions de contrôle prudentiel plus importantes sur les établissements de crédit, ont ajouté que l'absence d'une mention explicite au prêt de dernière instance parmi les fonctions du Système n'exclut pas que celui-ci puisse être décidé, si nécessaire, par la Banque centrale européenne, en recevant des banques centrales nationales toute l'information nécessaire. Enfin, ils ont soutenu que la crainte que la Banque centrale européenne ne s'inquiète pas de la stabilité du système financier est tout à fait infondée pour ce secteur crucial qu'est le système des paiements : à la Banque centrale européenne est en effet explicitement confié le rôle d'en assurer le bon fonctionnement.

L'absence de banques commerciales véritablement européennes rend encore concevable un système national de contrôle prudentiel. Pour chaque banque, il est tout de suite clair quelle est l'autorité nationale de contrôle chargée de la responsabilité primaire. Les normes européennes fixent ensuite les liaisons nécessaires entre les autorités ayant la responsabilité primaire et celles ayant la responsabilité secondaire. On ne peut toutefois pas compter sur le fait que cette situation reste inchangée. Le système bancaire, et plus généralement le système financier, connaît une phase de grande transformation. Des phénomènes de dimension mondiale y contribuent, ainsi que des phénomènes plus spécifiquement européens, comme la réalisation progressive du marché unique européen et l'adoption de la monnaie unique, qui éliminera les avantages compétitifs pour les banques qui opèrent dans leur monnaie nationale. L'une des manifestations les plus évidentes des changements en cours est l'accentuation de la concurrence des banques entre elles et avec les autres intermédiaires qui opèrent sur les marchés financiers : la diminution de l'importance des banques par rapport aux autres intermédiaires, qui s'est intensément développée au États-Unis, est en train de se manifester également en Europe et il est facile d'en prévoir l'accélération. Elle peut entraîner une tendance à la compression des marges de profit, qui dans de nombreux cas sont déjà limitées; la recherche d'une meilleure rentabilité et de la capacité d'offrir une gamme de produits plus large peut souvent pousser à augmenter les dimensions mais également les risques dans les activités. Il est probable que dans le système bancaire européen trois différents types de banques finissent par être présents : les banques continentales, difficiles à identifier avec l'un ou l'autre des États de l'Union, les banques nationales et les banques proprement locales. Dans ce cas, au moins pour ce qui est des banques du premier type, un contrôle prudentiel qui serait encore effectué sur le plan national pourrait s'avérer inadéquat, surtout parce que le déroulement au niveau européen de ces actions de contrôle prudentiel qui exigent la discrétion, pourrait s'avérer impossible. Comme mentionné plus haut, le traité offre les instruments permettant d'attribuer cette mission au Système européen de banques centrales, si cela devait s'avérer nécessaire.

Une autre mission qu'ont de nombreuses banques centrales nationales est celle de trésorier de l'administration publique : dans ce rôle, elles encaissent les versements en faveur de l'État et en effectuent les paiements, tant de ceux de nature courante (par exemple, impôts et retraites), que de ceux liés à l'administration de la dette publique. Les banques centrales nationales peuvent continuer à remplir cette fonction avec une seule limitation fondamentale, prévue par le traité de Maastricht : ne pas accorder de crédits, de quelque type que ce soit, aux administrations publiques, centrales et périphériques.

Parmi les autres missions que les banques centrales nationales peuvent continuer à accomplir, de façon autonome et sous leur propre responsabilité, nous pouvons encore rappeler, à titre d'exemple, l'administration du patrimoine immobilier et la gestion des provisions pour pension de retraite du personnel.

Chapitre 4

Les objectifs du Système européen de banques centrales

4.1 Un système d'objectifs

Comme il est à plusieurs reprises affirmé dans cet ouvrage, l'objectif principal de la stabilité des prix est confié à la Banque centrale européenne. Toutefois, cette attribution ne peut être comprise sans situer l'objectif de la Banque centrale européenne dans le système complexe d'objectifs de l'Union et sans expliquer les raisons économiques qui ont porté à ce choix. Ce chapitre est consacré à l'illustration de ces deux aspects, le premier institutionnel et le second économique.

Le traité de Rome, intégré par l'Acte unique européen et par le traité de Maastricht, est un accord international mais également l'acte constitutif de l'Union européenne. Les gouvernements qui l'ont signé, les parlements ou les référendums qui l'ont ratifié n'ont pas seulement pris des engagements envers les autres États membres, mais ils ont également établi les principes et les règles de l'entreprise commune. Cette caractéristique du traité de Rome est particulièrement évidente dans les premiers articles qui établissent les principes sur lesquels se base l'Union européenne ; l'article 2 définit un système complexe d'objectifs, principalement économiques : promotion d'un « développement harmonieux et équilibré des activités économiques dans l'ensemble de la Communauté, une croissance durable et non inflationniste respectant l'environnement, un haut degré de convergence des performances économiques, un niveau d'emploi et de protection sociale élevé, le relèvement du niveau et de la qualité de vie ; la cohésion économique et sociale et la solidarité entre les États membres ». L'article 3 énonce une série de principes : la conformité à « une économie de marché ouverte où la concurrence est libre », « prix stables, finances publiques et conditions monétaires saines et balance des paiements stable. Le traité établit en outre les procédures de mise en œuvre, les appareils institutionnels, les mécanismes permettant de produire des règles détaillées, pour que les objectifs soient efficacement poursuivis et les principes respectés.

C'est dans ce cadre global qu'il faut évaluer l'attribution à la Banque centrale européenne de l'objectif principal de la stabilité des prix et, en second lieu, de « soutenir les politiques économiques générales dans la Communauté », ainsi que le mentionnent encore l'article 3 A, puis l'article 105 du traité. Pour l'Union européenne, l'objectif de la stabilité des prix ne prévaut pas sur les autres buts énoncés à l'article 2. Ce n'est pas une priorité absolue qui est établie, mais un objectif qui est assigné à une institution, la Banque centrale européenne, et à son instrument, la politique monétaire. Les autres objectifs, non moins importants, doivent être poursuivis par d'autres institutions au moyen d'autres instruments.

Un exemple peut illustrer la logique de la combinaison d'objectifs et institutions : le respect de l'environnement s'est affirmé en tant que valeur sociale et, comme on l'a vu précédemment, c'est l'un des objectifs de l'Union européenne. Toutefois, cela n'aurait aucun sens d'affirmer que la Banque centrale européenne doit s'occuper d'environnement. L'objectif est important, mais le lien avec l'instrument de la politique monétaire est à ce point faible et incertain que l'on peut exclure que l'un puisse être poursuivi grâce à l'autre. L'attribution des différents objectifs de l'Union européenne aux différentes institutions et, de ce fait, aux différents instruments, doit suivre une logique de spécialisation : chaque instrument doit viser l'objectif qu'il peut poursuivre le plus efficacement. Dans cette optique, l'objectif de la stabilité des prix est assigné à la Banque centrale européenne parce que l'on est convaincu que le rapport entre variations du niveau général des prix et régulation monétaire est beaucoup plus fort et stable que le rapport entre cet instrument et les autres objectifs énumérés à l'article 2 du traité.

4.2 L'objectif de la stabilité des prix

L'unification monétaire européenne peut être vue, de façon simple mais correcte, comme l'addition de deux composantes séparées : l'égalisation du prix des différentes monnaies des pays européens et la stabilisation du prix de la monnaie unique qui en découle par rapport à l'ensemble de biens et services produits dans l'économie. L'illustration du concept de prix de la monnaie et de la signification de sa stabilisation, considérée également dans une perspective historique, aide à comprendre de quelle manière on est arrivé à la conviction que le meilleur objectif pour la politique monétaire est la stabilité des prix. L'analyse du coût de l'inflation, dans le paragraphe qui suit, complète cette explication.

Le prix d'une quelconque monnaie peut être exprimé de trois façons différentes : par rapport à une autre monnaie, sous la forme d'un taux de change qui engendre, par ses variations, une dévaluation ou une réévaluation; par rapport à sa propre valeur à un autre moment, sous la forme de taux d'intérêt; par rapport à tous les biens et services produits dans l'économie, sous la forme d'un pouvoir d'achat qui est égal à l'inverse du niveau général des prix, dont la variation dans le temps donne lieu au taux d'inflation. À long terme, il existe une forte cohérence entre les trois définitions du prix de la monnaie : un taux d'inflation plus élevé que dans les autres pays, qui correspond à une perte progressive du pouvoir d'achat, s'accompagne d'une dévaluation sur le marché des changes et de taux d'intérêt plus élevés. Unifier les monnaies européennes signifie que leur prix doit devenir identique dans les trois définitions : même taux de change, même taux d'intérêt, même taux d'inflation. Le succès de la Banque centrale européenne dans la réalisation de son objectif principal signifie en outre que le prix de la monnaie unique, l'euro, doit rester stable à travers le temps vis-à-vis de tous les biens et services. L'une des fonctions de la monnaie est celle d'unité de mesure de la valeur. En présence de plusieurs monnaies, chaque pays a sa propre unité de mesure, son propre étalon. Si les monnaies perdent progressivement de leur pouvoir d'achat, l'étalon monétaire change non seulement d'un pays à l'autre mais également dans le temps et l'étalon d'aujourd'hui est différent de celui d'hier. Avec une monnaie unique dont le pouvoir d'achat est maintenu constant, l'étalon monétaire reste égal dans le temps et d'un pays à l'autre.

Historiquement, le choix d'un étalon monétaire unique ayant une valeur constante dans le temps a été fait, comme mentionné au chapitre 1, en suivant un parcours long et accidenté. Dans le système de l'étalon or, le *gold standard*, entre 1860 et 1914, l'étalon monétaire était, en fait, unique dans les différents pays, bien qu'il apparût sous la forme de différentes monnaies nationales. La stabilité de son pouvoir d'achat était maintenue à très long terme, dans le sens que le niveau général des prix n'avait pas une tendance séculaire à l'augmentation ou à la diminution (v. fig. 1), les taux de change entre les monnaies des pays les plus importants étaient stables (v. fig. 2) et les taux d'intérêt bas et stables (v. fig. 3).

Cependant, à moyen terme, il subsistait des phases prolongées d'augmentation ou de baisse des prix, puisqu'il n'existait aucun mécanisme apte à assurer l'égalité entre l'offre et la demande de l'or : ainsi, l'amarre constituée par l'or se démontrait, à moyen terme, non seulement peu efficace mais également onéreuse car elle obligeait à engager d'importantes ressources dans l'extraction et l'usinage du métal devant constituer la quantité de monnaie nécessaire aux échanges. Entre 1914 et 1945, les deux guerres mondiales, la grande récession des années 30 et le protectionnisme commercial causèrent une grande instabilité dans le prix de la monnaie, indépendamment de la manière de le déterminer. Cette période d'instabilité ne cessa qu'avec la fin de la deuxième guerre mondiale (v., fig., 1, 2 et 3). Vingt-cinq ans de stabilité relative suivirent. En 1971, l'écart du rapport avec l'or, qui avait débuté avec la première guerre mondiale, se compléta lorsque le président des États-Unis d'Amérique, M. Richard Nixon, déclara l'inconvertibilité du dollar en or, mettant ainsi fin au système des changes établi à Bretton Woods.

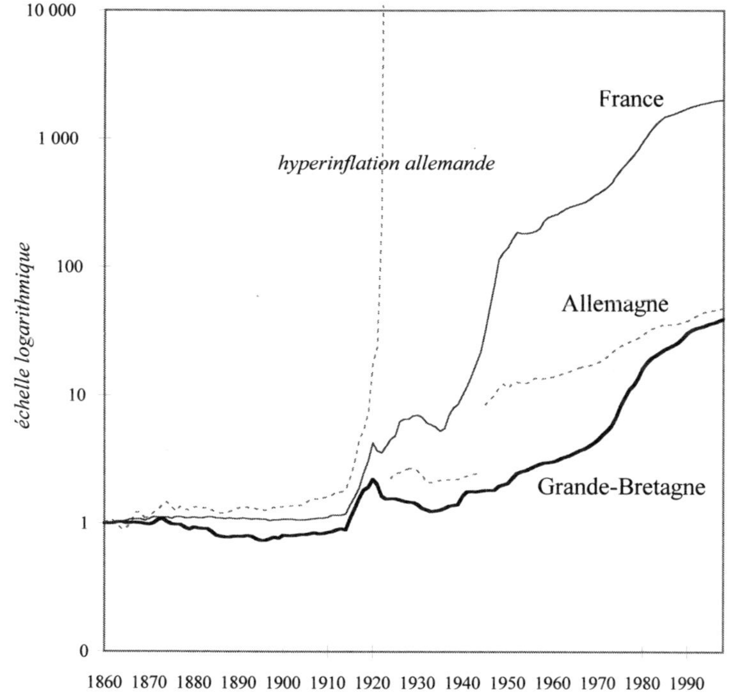

Figure 1 : Indice des prix à la consommation dans certains pays européens.
Moyennes annuelles 1861-1998.

Depuis, sans plus avoir l'amarre de l'or, aussi imparfaite fût-elle, les monnaies ont subi de très fortes variations de prix. Le niveau général des prix a renforcé sa tendance à la hausse, bien qu'avec des intensités différentes suivant les époques et les pays et, de ce fait, le taux d'inflation était élevé et variable (v. fig. 1). Certaines monnaies se sont systématiquement dépréciées vis-à-vis d'autres et les taux de change étaient fortement instables, même à court terme, en enregistrant des variations difficiles à réconcilier avec la tendance des variables économiques de fond (v. fig. 2). Les taux d'intérêt étaient élevés et variables, notamment dans les pays avec les taux d'inflation les plus importants (v. fig. 3).

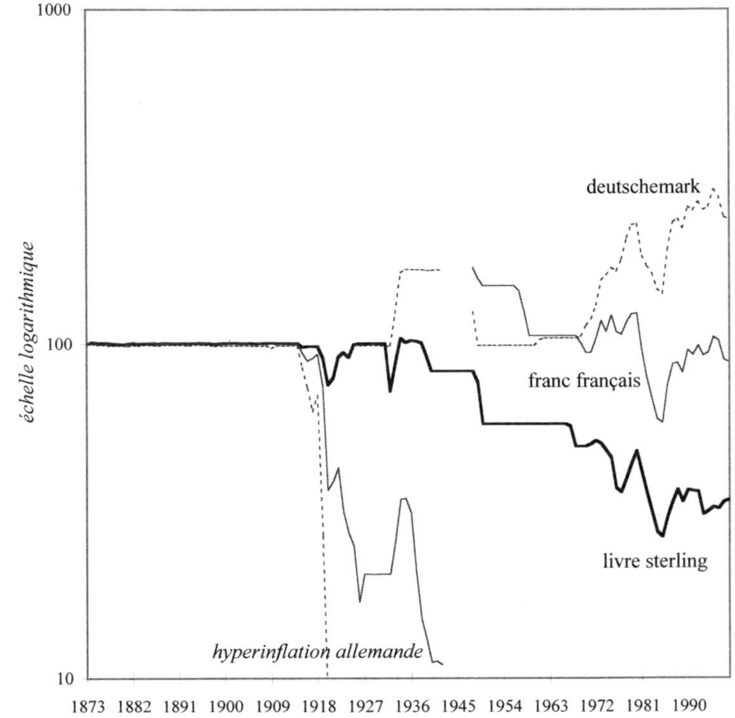

Figure 2 : Taux de change contre dollar de certaines devises européennes.
Moyennes annuelles : 1873-1998.

L'instabilité monétaire des années 70 et de la première moitié de la décennie suivante a convaincu les économistes et l'opinion publique que les bénéfices d'emploi que l'on peut obtenir avec l'inflation sont éphémères et ne compensent pas les coûts qui, eux, sont permanents. Le paragraphe qui suit illustrera ces deux points.

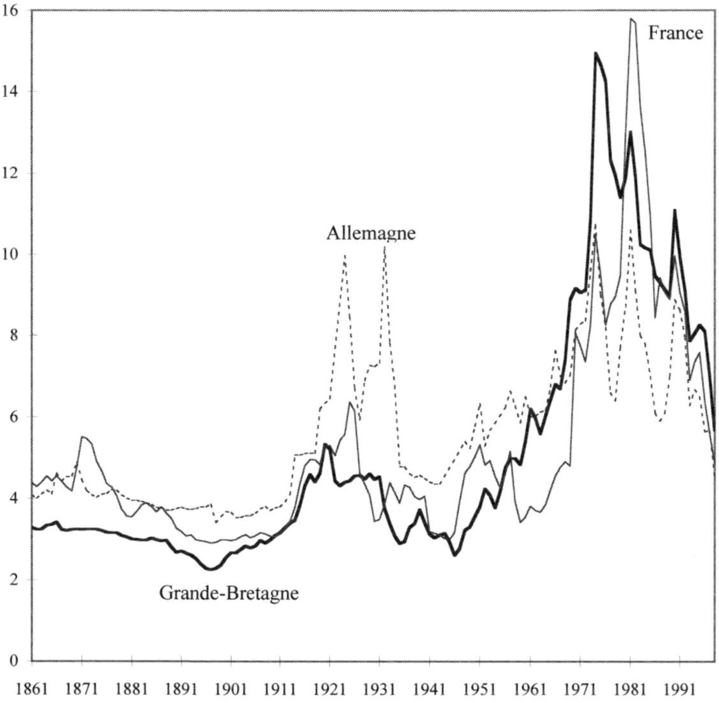

Figure 3 : Tauxd'intérêt à long terme dans certains pays européens.
Moyennes annuelles : 1861-1998.

4.3 Les coûts de l'inflation

En 1958, en utilisant les données provenant d'une longue période où l'économie anglaise avait enregistré des conditions proches de la stabilité des prix, l'économiste Alban William Phillips identifia un rapport entre chômage et inflation qui semblait être fermement établi sur la base des données de l'époque : les années où l'inflation était le plus forte étaient celles où le chômage était le plus bas et vice versa. La dénommée « courbe de Phillips » fut établie sur la base de cette observation (v. fig. 4);

elle complétait le modèle de l'économie basé sur la critique que Keynes avait effectué, en ayant à l'esprit la grande dépression des années 30, sur deux hypothèses essentielles des économistes classiques : la parfaite flexibilité des prix et des salaires et l'adaptation constante de la demande à l'offre, considérée dès lors l'unique facteur déterminant du volume de la production.

Selon la formulation keynésienne, c'est le niveau de la demande et non celui de l'offre, qui détermine le produit, alors que les salaires, qui à leur tour déterminent les prix, sont constants ou, du moins, varient en vertu de facteurs non économiques tels que, par exemple, l'action des syndicats. La courbe de Phillips permettait de dépasser l'hypothèse keynésienne, de toute évidence peu réaliste, selon laquelle les salaires et les prix étaient fixes et dépendaient du niveau du chômage. En même temps, on évitait de retomber dans l'hypothèse opposée et tout aussi irréaliste des économistes classiques, selon laquelle les salaires et les prix étaient tout à fait flexibles. Dans le modèle keynésien enrichi de la courbe de Phillips, la politique macro-économique, dans sa composante monétaire ou fiscale, déterminait le niveau de la demande et du revenu qui, à son tour, amenait le chômage et l'inflation au niveau souhaité. Les autorités de politique économique avaient ainsi la possibilité de choisir la combinaison chômage-inflation qui répondait le mieux aux préférences sociales. Dans cette optique, la politique fiscale et la politique monétaire, parties d'un tout, devaient nécessairement être coordonnées. Le fait de subordonner la banque centrale au gouvernement était cohérent avec cette formulation, mais pas avec l'idée originaire de Keynes. En effet, le gouvernement était le seul en mesure d'assurer la coordination avec la politique fiscale et il était autorisé à faire le choix entre chômage et inflation.

Dans les années 60 et 70, dans de nombreux pays, en comptant sur la stabilité de la courbe de Phillips, c'est-à-dire sur un rapport constant entre emploi et inflation, on soutint qu'il valait la peine de supporter un taux d'inflation un peu plus élevé pour réduire le chômage. En effet, pendant un certain temps, les politiques keynésiennes fonctionnèrent. Cependant, cette approche dut subir une critique serrée de la part de Milton Friedman, du point de vue monétariste, et d'Edmund Phelps, d'un point de

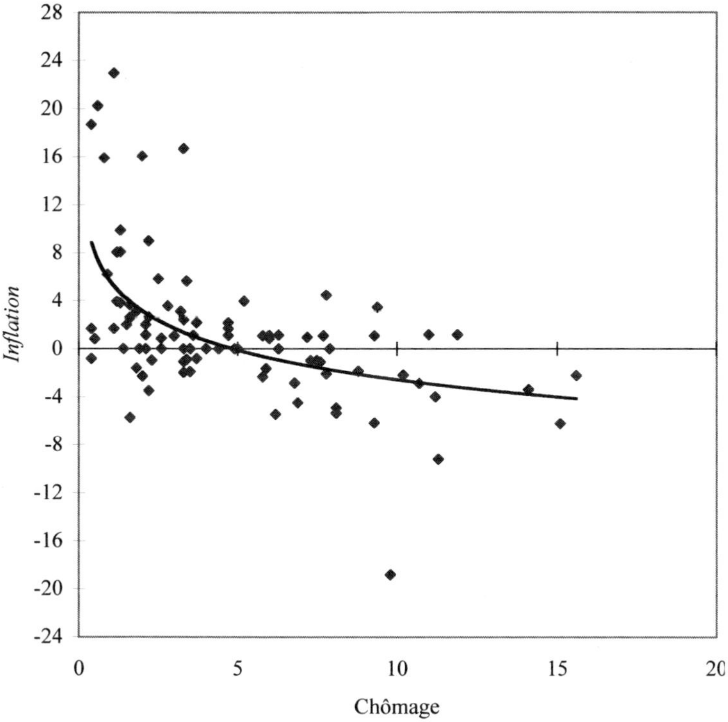

Source: Mitchell (1992).

Figure 4 : Courbe de Phillips. Inflation et chômage au Royaume-Uni entre 1861 et 1958.

vue plus éclectique. Ces deux économistes soutenaient qu'il était impossible, à terme, de compter sur la stabilité de la courbe de Phillips : le rapport entre chômage et inflation dépend des perspectives d'inflation et, à un niveau égal de chômage, le taux d'inflation est d'autant plus élevé que les perspectives d'inflation sont grandes. Une politique d'expansion de la demande commence par réduire le chômage, mais engendre par la suite une augmentation des perspectives d'inflation; la courbe de Phillips se déplace vers la droite; la production et l'emploi reviennent au niveau de départ mais avec un niveau d'inflation plus élevé. La conséquence pratique de la critique de Friedman et Phelps était la suivante : l'effet d'une expansion de la demande globale sur l'inflation est permanent, alors que celui sur l'emploi est temporaire, à moins de n'accepter une augmentation progressivement croissante de l'inflation.

L'expérience a prouvé que la critique de Friedman et de Phelps était substantiellement correcte : les pays qui avaient le plus compté sur une stimulation de la demande se trouvèrent vite face à une forte hausse de l'inflation sans bénéfices permanents en termes d'emploi. L'expérience de la France est marquante à cet égard : entre les années 60 et les deux décennies suivantes, la courbe de Phillips s'est fortement déplacée vers la droite, au-delà des incertitudes dans l'identification pratique de cette courbe, selon lesquelles il se serait produit une inversion dans son inclinaison, de positive au cours de la première période à négative au cours de la seconde (v. fig. 5). La difficulté d'identifier la courbe de Phillips sur la base des données, confirme, en un sens, qu'il ne s'agit pas d'un rapport stable sur lequel on peut formuler la politique monétaire. Le message général confirmé par l'expérience des dernières décennies est que l'augmentation draconienne de l'inflation attendue et réelle qui s'est produite en France dans les années 70 et dans la première moitié des années 80 n'a pas été accompagnée de meilleurs résultats du point de vue de l'emploi par rapport à ces pays, comme l'Allemagne, qui avaient mis en œuvre un meilleur contrôle de l'inflation (v. fig. 6). Au cours de la dernière décennie, le taux d'inflation en France est resté au même niveau – et certaines années même à un niveau inférieur – qu'en Allemagne, mais le taux de chômage est resté bien supérieur à celui de l'Allemagne. En conclusion, l'expérience comparée entre France et Allemagne prouve que chômage et inflation ne sont pas liés dans un rapport simple et constant qui fait qu'il suffit de tolérer un peu d'inflation pour améliorer la situation de l'emploi.

Au contraire, l'idée s'est consolidée dans le temps que l'inflation constitue, à moyen-long terme, un élément défavorable à la croissance. En premier lieu, parce qu'elle a une tendance à l'accélération qui ne peut être freinée que par des restrictions fiscales et monétaires onéreuses; en second lieu, parce que, à moyen-long terme, la croissance ralentit et le chômage s'aggrave à mesure que le taux d'inflation augmente. Cet effet est évident si l'on regarde la fig. 7, où l'on voit que lorsque le taux d'inflation augmente de 0000 à 1000 pour cent par an ou plus, le taux de croissance du revenu par habitant diminue, d'abord légèrement, puis de façon de plus en plus nette. De surcroît, la figure 7 montre qu'en cas de déflation, soit quand les prix diminuent au lieu d'augmenter, le taux de croissance se dégrade en comparaison de ce qui arrive avec des taux d'inflation modérés. Nous reviendrons sur ce point sous peu.

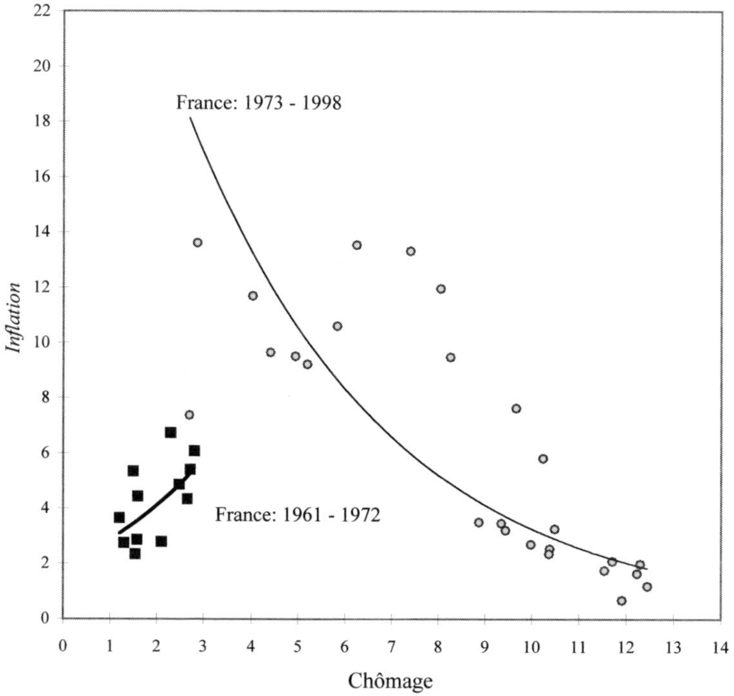

Figure 5. Courbe de Philips avant et après le choc pétrolier des années 70.
France : 1961-1972 ; 1973-1998

En conclusion, l'expérience des années 70 et 80 a convaincu les économistes et l'opinion publique qu'une attitude de tolérance envers l'inflation n'apporte aucun bénéfice permanent à l'emploi et au revenu ; au contraire, il faut craindre qu'un contexte inflationniste nuise à l'activité économique plutôt que de la favoriser.

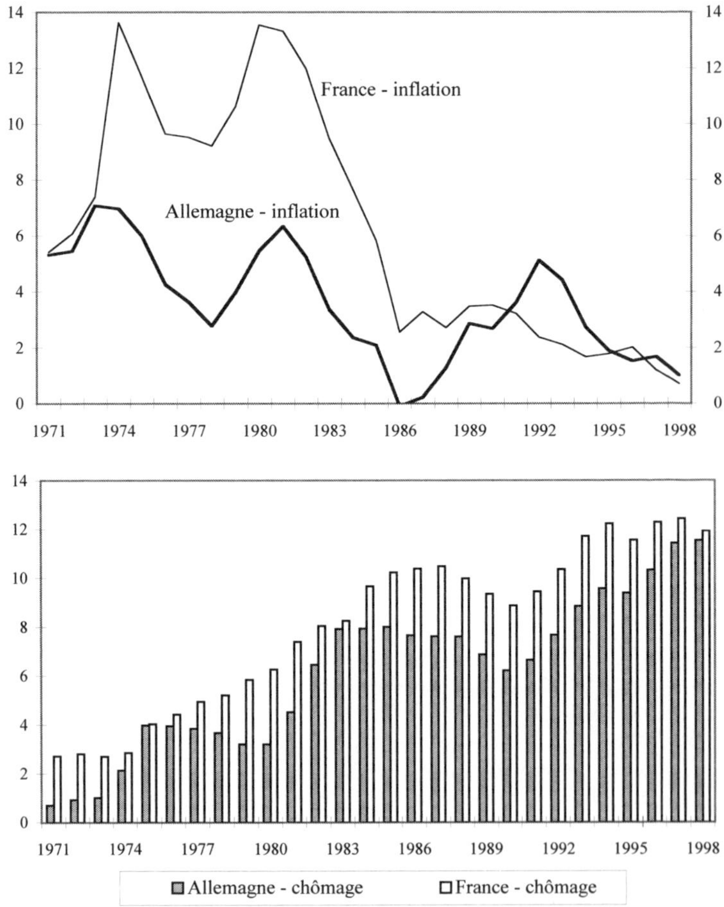

Figures 6A et 6 B : Inflation et chômage en France et en Allemagne : 1971-1998

Cette conclusion macro-économique, relative au fonctionnement de l'économie dans son ensemble, correspond aux coûts micro-économiques qui grèvent les différents agents, identifiés par l'analyse économique. Le plus évident des coûts de l'inflation pour les individus dépend du fait que la perte du pouvoir d'achat de la monnaie, disons des billets de banque par souci de simplicité, agit comme un impôt pour celui qui la possède : avec un taux d'inflation de x pour cent par an, une certaine quantité de billets de banque permet d'acheter, à la fin de l'année, x pour cent de marchandises en moins par rapport à celles qu'elle permettait d'acheter au début de l'année; la perte pour le possesseur des billets de banque correspond à un gain pour l'État, ou la banque centrale, qui a émis la monnaie. Comme tout impôt, l'impôt inflationniste pousse également celui qui doit le payer à chercher à en alléger le poids, dans le cas d'espèce en réduisant le nombre de billets de banque détenus. Mais en réduisant la quantité de billets de banque dans son porte-monnaie, il faudra affronter toute une série d'inconvénients, d'ennuis qui constituent le coût le plus évident, même s'il est limité, de l'inflation. Selon une évaluation raisonnable, avec une inflation de 10 pour cent, ce coût s'élève, chaque année, à environ 0,3 pour cent du produit national.

Les autres coûts de l'inflation sont difficiles à évaluer mais probablement plus révélateurs. Une inflation élevée, qui signifie dans la pratique une inflation variable et peu prévisible, redistribue le revenu de façon totalement arbitraire : si un travailleur vend son travail pour un salaire donné, si un épargnant prête ses capitaux à un certain taux d'intérêt, si une entreprise s'engage à vendre ses produits à un prix déterminé et ensuite un taux d'inflation imprévu coupe la valeur réelle des montants établis, alors le travailleur, l'épargnant, l'entreprise, subissent un préjudice et leurs contreparties un bénéfice qui n'a aucune justification économique. C'est comme si tous étaient obligés de jouer à la loterie une partie importante de leur revenu, les tirages de la loterie correspondant aux taux d'inflation qui se vérifient tour à tour.

Les effets de distorsion de cette loterie sont multipliés par le fait que le système fiscal, fondamentalement construit sur l'hypothèse de stabilité de l'étalon monétaire, augmente ces redistributions; il suffit de penser au phénomène qui fait que

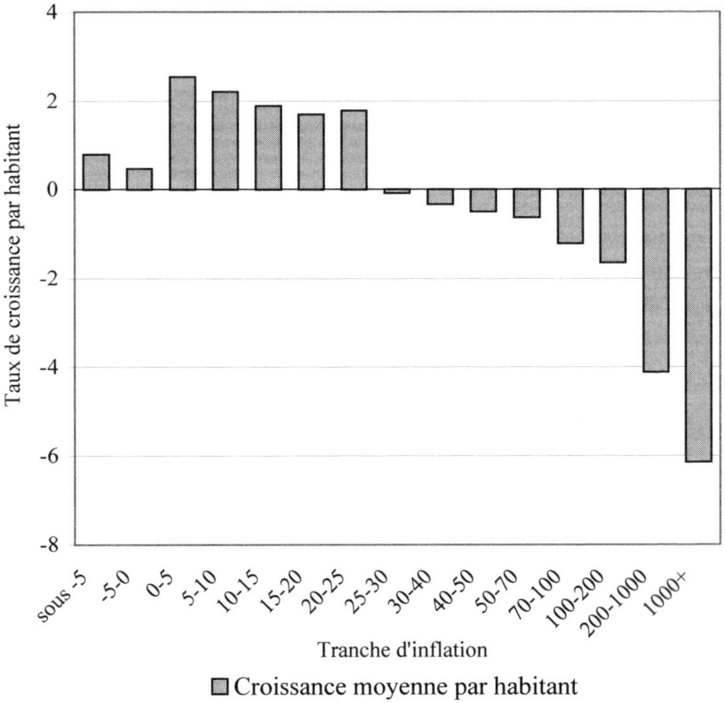

Figure 7 : Inflation et croissance par habitant dans 127 pays de 1960 à 1992.

l'inflation porte un nombre toujours croissant de contribuables vers les barèmes les plus élevés de l'impôt progressif sur le revenu, sans qu'il y ait eu la moindre augmentation du revenu réel. À terme, la conscience croissante de cette loterie obligatoire, de ce risque fabriqué par l'homme qui se superpose aux risques naturels, pousse les opérateurs économiques à se protéger. À cette fin, des énergies sont détournées de la production, de la consommation, des loisirs pour se consacrer à des activités qui seraient inutiles s'il n'y avait pas l'inflation. Le secteur financier, où se concentrent ces activités, prend des proportions démesurées, les activités de production sont brimées, les secteurs les plus faibles de la société, qui disposent de moindres ressources pour se protéger, ont à subir une part disproportionnée des coûts. Certains contrats, tels que les obligations à long terme à taux fixe, disparaissent parce qu'ils deviennent trop risqués.

Parmi les coûts les plus importants de l'inflation, il faut enfin ajouter celui qui découle de la diminution de la transparence du système des prix, mécanisme essentiel d'une économie de marché. Si, comme on l'a dit, l'étalon monétaire change dans le temps, et de surcroît à un rythme instable, les choix des consommateurs, des producteurs, des importateurs et des exportateurs deviennent plus difficiles : comment identifier le bien le plus avantageux, comment déterminer son propre prix de vente par rapport a celui des concurrents, comment décider s'il vaut ou non la peine de s'engager dans le commerce international?

Pour finir, la décision de confier à la Banque centrale européenne l'objectif de la stabilité des prix, parmi les nombreux objectifs de l'Union européenne, a pour base la conscience croissante que l'inflation agit comme un impôt occulte qui n'aurait pas été décidé par un parlement élu démocratiquement et qui opère de façon fortuite, inique et onéreuse. De plus, cette décision a également contribué à une vision plus modeste que celle qui dominait dans les années 60 et 70 au sujet des capacités de la régulation monétaire : elle peut créer un milieu favorable à la croissance, ne pas déterminer durablement le niveau de l'activité économique et celui de l'emploi qui dépendent essentiellement de facteurs réels tels que l'investissement en technologie, connaissances et capital physique. De même que l'hygiène n'assure ni la santé, ni la force physique mais les favorise, de même la stabilité des prix ne garantit pas la croissance, mais elle la soutient.

Naturellement, la stabilité des prix que la Banque centrale européenne doit poursuivre exclut la déflation, à savoir la diminution des prix, autant que l'inflation. La plus grande attention portée à l'inflation n'est due qu'à la tendance à la hausse des prix pendant la plus grande partie du vingtième siècle. Mais en fait, on peut raisonnablement soutenir que la déflation a sur l'économie des effets encore plus nuisibles que l'inflation. C'est ce que suggère, en fait, la figure 7 : lorsqu'il y a déflation les prix diminuent, le rythme de croissance se dégrade sensiblement par rapport à ce qui se passe lorsque les prix augmentent modérément.

De la même manière, la croissance maximale a lieu lorsque prévaut une situation proche de la stabilité des prix et le taux d'inflation est compris entre 0 et 5 pour cent.

La conclusion que la déflation a un impact fortement négatif sur l'économie s'explique essentiellement par deux considérations. D'abord, les prix sont rigides vers le bas et flexibles vers le haut, en d'autres termes la réduction d'emploi requise pour baisser les prix de x pour cent est beaucoup plus ample que l'augmentation associée à une hausse des prix du même x pour cent. La courbe de Phillips peut, encore une fois, éclairer ce point : si le rapport entre inflation et chômage a la forme représentée à la fig. 4, il est évident que prix et salaires résistent à une baisse bien mieux qu'à une hausse et il faudrait un fort chômage pour les faire baisser.

Le deuxième argument pour soutenir que la Banque centrale européenne doit éviter une diminution de l'indice général des prix, – qui donne lieu à la déflation, – encore plus qu'une augmentation, – qui donne lieu à l'inflation –, vient des limites inévitables qui sont inhérentes à la mesure concrète de cette variable. Le concept d'indice général des prix est clair et précis : il exprime le prix moyen de l'ensemble des biens produits, ou consommés, dans l'économie. La mesure pratique de l'indice général des prix est beaucoup moins claire et précise : dans l'impossibilité d'inclure tous les biens produits ou consommés dans une économie donnée, lesquels faudrait-il comprendre? Comment calcule-t-on la hausse de prix des produits nouveaux, qui sont présents à l'heure actuelle mais n'existaient pas précédemment, par exemple les ordinateurs personnels ? Comment peut-on tenir compte du fait que la hausse de prix d'un bien peut dépendre de l'amélioration de sa qualité plutôt que de l'inflation ? Les statisticiens recherchent constamment des méthodes toujours meilleures pour répondre à ces questions. Toutefois, la mesure de l'indice général des prix et donc de l'inflation et de la déflation, reste une activité imprécise. Des études récentes menées aux États-Unis et en Allemagne montrent que les indices des prix actuellement disponibles surestiment, de 1 à 2 pour cent environ, la véritable inflation : même si l'indice général des prix à la consommation augmente de un à deux pour cent en une année, il ne peut pas être exclu que l'inflation réelle soit nulle et qu'il y ait donc stabilité des prix. Si nous visons la véritable stabilité des prix et non celle que nous pouvons lire sur nos instruments de mesure imparfaits, nous devons donc nous inquiéter davantage en présence d'une situation de déflation que face à un taux d'inflation modéré. C'est entre autres pour avoir reconnu les incertitudes de mesure de l'inflation que la Banque centrale européenne a précisé, comme on le verra plus tard, que par stabilité des prix on doit entendre un taux annuel de hausse qui soit, à moyen terme, inférieur à deux pour cent.

4.4 La politique monétaire et les autres composantes de la politique économique

Le fait d'établir, dans une optique de spécialisation, que la tâche de la stabilisation des prix revient à la politique monétaire ne signifie pas pour autant nier une interaction avec les autres composantes de la politique économique. La liaison va de soi pour ce qui est de la politique de change. Au contraire, on peut affirmer que la politique de change et la régulation monétaire, à savoir la manœuvre du taux d'intérêt à court terme, sont deux faces de la même médaille. Comme nous l'avons dit plus haut, le taux de change et le taux d'intérêt représentent deux différentes expressions du prix de la monnaie et ce que l'on fait à l'un finit par se répercuter sur l'autre. Cette liaison, aussi étroite qu'évidente, a posé un problème difficile dans la construction de l'Union monétaire : si le taux de change est une composante inséparable de la politique monétaire, c'est en même temps une partie de la politique économique générale, nécessairement confiée au gouvernement, guidé en cela par le parlement. Comme Arlequin, le taux de change risque d'être le laquais de deux maîtres.

Face à un problème en principe insoluble, la seule possibilité est de recourir à une solution pragmatique, qui n'élimine pas le problème mais qui en atténue la portée jusqu'à le rendre supportable. Une distinction a été faite, tout d'abord, entre les rapports de change de l'euro avec les monnaies des pays de l'Union européenne qui n'adoptent pas la monnaie unique dès le début – Grande-Bretagne, Suède, Danemark et Grèce – et les rapports avec les principales devises non communautaires, notamment le dollar américain et le yen japonais.

Les rapports de change à l'intérieur de l'Union européenne sont, en ligne de principe, réglés par le dénommé MCE 2 (mécanisme de change 2), c'est-à-dire par un accord de change qui, tout en prenant comme modèle le Système monétaire européen évoqué au chapitre 1, s'en éloigne dans certains aspects importants. Premièrement, le MCE 2, qui se limite pour l'instant à l'euro, à la couronne danoise et à la drachme grecque, puisque la Grande-Bretagne et la Suède ont décidé de ne pas y adhérer, est explicitement asymétrique : l'euro est le pivot du système, point d'attraction pour les autres monnaies participantes. Deuxièmement, la Banque centrale européenne peut suspendre l'engagement de soutenir la valeur de la couronne danoise, de la drachme grecque et des autres monnaies de l'Union européenne qui demanderaient de participer, en les achetant sur le marché des changes contre l'euro, lorsque, à son avis, la conséquente création de l'euro mettrait en danger la stabilité des prix. Troisièmement, la Banque centrale européenne peut demander une variation du rapport de change entre l'euro et les monnaies participantes lorsque ce rapport s'avère incohérent avec les variables de fond de l'économie. Dans l'ensemble, la responsabilité des autorités politiques en matière de changes est reconnue, mais la Banque centrale européenne est efficacement protégée dans son action de régulation monétaire.

Une position analogue est adoptée, dans l'article 109 du traité, pour ce qui est des rapports avec les devises non communautaires qui achèvent des résultats acceptables, sans être pour autant spécialement attirantes : cet article est l'un des plus obscurs dans un traité qui ne brille pas toujours pour sa clarté.

En synthèse, la solution part de la reconnaissance que la stabilité des prix prévaut également dans la politique de change. Dans l'exercice de leur responsabilité en matière de taux de change, les autorités de gouvernement de l'Union européenne doivent respecter l'opinion de la Banque centrale européenne sur ce qu'elle considère nécessaire pour atteindre l'objectif de la stabilité des prix. Dans les limites de cette contrainte, il leur reste le pouvoir de décider, si l'occasion et l'opportunité se présentent à l'avenir, un système de change structuré, par exemple comme celui de Bretton Woods, qui rattache, avec des taux stables, l'euro aux autres grandes devises internationales. En outre, elles peuvent fournir des indications concernant la gestion des changes, même en dehors d'un tel système, en cas de circonstances exceptionnelles d'instabilité sur le marché des changes.

La solution pragmatique choisie par le traité aura de meilleures possibilités de succès étant donné le changement de structure qui dérive de l'Union monétaire. Actuellement, les pays européens sont tous très « ouverts » économiquement, dans le sens que les importations et les exportations représentent une part élevée du produit national : entre 15 et 60 pour cent, selon les pays. Avec l'unification monétaire, toutes les importations et les exportations à l'intérieur de la zone deviendront des flux commerciaux internes, du moins du point de vue monétaire, et le degré d'ouverture économique de la zone euro sera uniquement de 10 pour cent environ, valeur proche à celle des États-Unis et du Japon. Le taux de change perdra donc de son importance : la part de produit qui est vendue à l'étranger et la part de consommation et d'investissements internes qui est importée de l'étranger, les deux généralement titrées en devises, baisseront fortement et les variations du taux de change affecteront des flux commerciaux beaucoup plus limités. L'attitude traditionnelle des États-Unis d'insouciance bienveillante envers le taux de change, pourrait ainsi se développer également en Europe. Seulement dans des cas exceptionnels de variabilité excessive à court terme ou d'écartement des valeurs cohérentes avec les variables de fond de l'économie, cette attitude sera remplacée par un comportement actif, tendant à influer sur le change par des interventions. De toutes manières, même si l'Europe n'adopte pas l'attitude de manque d'intérêt envers le change, qui est typique des États-Unis, l'ouverture commerciale plus réduite renforcera le choix d'avoir des taux de change fluctuants entre les principales devises, sur le plan international.

À long terme, la gestion du taux de change de l'euro sera rendue plus complexe par le rôle international croissant que la monnaie européenne va inévitablement acquérir. Aujourd'hui, le rôle de devise internationale dominante est joué par le dollar américain; demain, l'euro, représentant une zone économique de dimensions comparables à celles des États-Unis et géré dans l'optique de la stabilité par la Banque centrale européenne, pourra entrer sérieusement en concurrence pour remplir cette fonction. Deux éléments essentiels amènent toutefois à penser que la concurrence de l'euro dans ce domaine n'augmentera que graduellement : 1) le marché financier européen ne dispose pas encore de la richesse et de la variété de celui des États-Unis; 2) l'histoire montre que le rôle de devise internationale s'acquiert, et se perd, très lentement. Un système monétaire international authentiquement bipolaire, sinon tripolaire, basé sur le dollar, sur l'euro et sur le yen peut se réaliser à long terme mais, à court et moyen terme, le rôle dominant du dollar ne semble pas faire de doute. La Banque centrale européenne dispose donc de quelques années avant de se trouver dans la situation de devoir gérer une monnaie tout à fait internationale. Cela ne signifie nullement, en revanche, qu'elle pourra négliger les effets et les contraintes externes sur sa politique de change : bien que moins important que le dollar, l'euro sera de toute façon la deuxième monnaie du monde et certains pays, notamment ceux de l'Europe centrale et orientale et de l'Afrique, l'utiliseront abondamment comme devise internationale.

Dans l'ensemble, le partage des responsabilités entre autorités du gouvernement et banque centrale dans la politique de change semble acceptable. Il n'en reste pas moins un problème institutionnel : dans la gestion du système monétaire international, les autorités de gouvernement, dans certaines circonstances, ont dû collaborer avec les banques centrales pour amener les taux de change vers des niveaux plus cohérents avec les variables de fond ou pour en contenir la variabilité excessive. Il est probable que ces cas se reproduiront et la structure institutionnelle de l'Union pourrait avoir des difficultés à réagir de façon adéquate. Certains économistes américains ont posé le problème de manière simple mais fort éclairante : alors qu'il est clair que, lorsqu'une intervention des autorités sur le marché des changes se rend nécessaire, le président de la banque centrale américaine prendra contact avec son homologue auprès de la Banque centrale européenne, il n'est pas aussi évident de savoir à qui devra téléphoner le secrétaire au Trésor américain, quel est son correspondant en Europe. En effet, ni le président de la Commission européenne, ni le président du Conseil des ministres des finances et de l'économie (le dénommé Ecofin) ont l'autorité nécessaire. À l'autre bout du fil, le secrétaire au Trésor américain risque donc de recevoir des réponses vagues et dilatoires. Un problème du même genre risque de se produire dans le cadre plus important de la collaboration économique internationale, le Groupe des Sept, qui réunit les États-Unis, le Japon, le Canada et les quatre principaux pays européens, dont nous parlerons dans le chapitre suivant. Une solution partielle à ces problèmes pourra venir de ce que l'on appelle l'Euro-11, à savoir la réunion informelle des ministres des finances et de l'économie des onze pays qui ont adopté l'euro, mais cela ne pourra être confirmé que par l'expérience pratique. De surcroît, il ne peut pas être exclu qu'il faille un certain nombre de tensions et d'échecs avant que l'Union européenne ne parvienne à s'organiser de façon conforme à ses responsabilités internationales croissantes.

Une autre composante de la politique économique qui a un fort lien avec la régulation monétaire est la manœuvre des finances publiques. Nous avons précisé plus haut que le fait de renoncer à la prétention de calibrer la demande de manière à obtenir les résultats souhaités en termes d'inflation et d'emploi a permis d'éloigner la politique monétaire de la politique budgétaire. Reste, toutefois, le lien qui passe à travers ce que l'on dénomme effet d'éviction du secteur public. La contrainte budgétaire est l'expression comptable d'un fait économique essentiel : si le secteur public dépense plus qu'il n'encaisse à travers les impôts, il peut financer le déficit qui en découle de deux manières : soit en contractant des dettes, en d'autres termes en vendant au secteur privé les titres de la dette publique, soit en obtenant un crédit de la banque centrale, qui créera de ce fait plus de monnaie. Étant donné que la quantité de titres publics que le secteur privé est disposé à acheter n'est pas illimitée, le déficit public, au-delà de certains niveaux, ne peut être financé que par l'émission de monnaie, qui finit par causer l'inflation. La contrainte budgétaire du secteur public établit donc que, du moins à long terme, entre le déficit et la création de monnaie, il existe un rapport d'interdépendance : le déficit détermine la monnaie et vice-versa.

Bien sûr, l'octroi de l'indépendance à la banque centrale est l'un des instruments permettant d'éviter qu'un déficit excessif finisse par se traduire en création de monnaie. Toutefois, le traité de Maastricht, tenant compte des cas où même une banque centrale indépendante a fini par être contrainte à financer la dette publique en imprimant de la monnaie, a imposé une protection préventive supplémentaire en faveur de la régulation monétaire. Il s'agit des limites à la politique budgétaire nationale, spécifiées, renforcées et éclaircies par le Pacte de stabilité et de croissance que le Conseil européen, composé des chefs d'État et de Gouvernement, a signé à Amsterdam en 1997.

En réalité, dans le traité de Maastricht, la politique budgétaire des États membres est sujette à deux familles de normes. La première établit des procédures, basées sur la conviction réciproque et sur la coordination volontaire entre États plus que sur des normes contraignantes, visant à atteindre une politique budgétaire optimale, cohérente avec les objectifs de l'article 2 du traité, mentionnés plus haut. Cet ensemble de procédures permet d'atténuer les problèmes qui peuvent se présenter du fait qu'une politique monétaire unique n'est pas accompagnée d'une politique budgétaire unique. Un second groupe de normes, celui qui est renforcé par le Pacte de stabilité et de croissance, se distingue nettement du premier, tant parce qu'il a une nature obligatoire que parce qu'il n'aspire pas à un résultat optimal mais, comme le dit le traité, à éviter des « erreurs manifestes ». L'attention de l'opinion publique s'est concentrée sur ce second groupe, entre autres en raison du fait que les mêmes critères qui doivent guider la politique budgétaire après la naissance de l'euro ont constitué un élément essentiel de jugement quant à la réalisation de la convergence économique de la part des pays qui souhaitaient participer à l'Union monétaire. Sans qu'il soit nécessaire de traiter le thème de la convergence économique, rapidement évoqué au chapitre premier, il est utile d'illustrer ce deuxième ensemble de règles, plus important pour l'activité de la Banque centrale européenne.

L'article 104 C du traité et le protocole sur les dénommés déficits excessifs, annexé audit traité, sont la base sur laquelle a été construit le Pacte de stabilité et de croissance, par deux règlements communautaires qui formalisent l'accord pris au Conseil européen d'Amsterdam. En bref, il a été construit un mécanisme semi-automatique et rapide imposant de fortes pénalités financières aux États qui excèdent un rapport de 3 % entre déficit et produit national. Les sanctions sont suspendues uniquement lorsque le dépassement du déficit est destiné à se résorber immédiatement ou qu'il est dû à des causes exceptionnelles et indépendantes de l'action de l'État en question.

Cet ensemble de normes offre en fait une extraordinaire protection contre l'apparition de déséquilibres dans la finance publique et, par conséquent, contre les pressions exercées sur la banque centrale pour qu'elle finance le déficit par la création de monnaie. Selon certains observateurs, cette protection serait même excessive. On souligne, en effet, que dans une zone monétaire unifiée, sans contraintes d'ordre administratif, la politique monétaire est nécessairement unique et la tentative de fixer des taux d'intérêt différents dans les différentes zones géographiques deviendrait rapidement inutile car la demande de fonds se déplacerait vers les zones qui ont un taux plus bas, en rétablissant ainsi l'égalité des taux. Par conséquent, si une seule région de la zone euro subit un choc (par exemple, la crise d'un secteur industriel concentré dans la zone en question), le taux d'intérêt ne peut pas être utilisé pour le compenser. Les différences économiques entre les pays doivent donc être affrontées avec d'autres instruments de politique économique, les instruments structurels que nous mentionnerons ci-après, ainsi que par des mesures budgétaires. Il faut toutefois ajouter que même l'emploi de ces dernières est entravé par le Pacte de stabilité et de croissance qui fait perdre la capacité de contrer les chutes de la demande au moyen de la politique budgétaire et avec le risque de récession qui s'ensuit. En particulier, on craint une entrave au fonctionnement de ce que l'on appelle les stabilisateurs automatiques. Ces derniers sont ces mécanismes des finances publiques qui, indépendamment de toute action discrétionnaire, augmentent les dépenses (par exemple, les allocations de chômage) et réduisent les entrées en cas de récession, soutenant de ce fait la demande. En effet, la discipline du traité de Maastricht pourrait entraver le fonctionnement des stabilisateurs automatiques si ceux-ci commençaient à fonctionner à partir d'une situation initiale de déséquilibre budgétaire, il est évident, par exemple, que si un pays connaît une situation d'expansion économique et un déficit proche de 3 %, il suffit d'un ralentissement de la croissance pour porter ce déficit au-delà du seuil. Cela rendrait nécessaire l'annulation des stabilisateurs automatiques moyennant une action discrétionnaire et aggraverait inévitablement la phase de récession. Cependant, en partant d'une situation proche de l'équilibre, les stabilisateurs automatiques ont tout l'espace nécessaire pour agir, en atténuant ainsi la récession. Le risque, dans la phase initiale de l'Union monétaire, est qu'une récession se présente à un moment où le rééquilibre des finances publiques n'a pas encore été réalisé.

La dernière composante de la politique économique concerne les politiques structurelles qui visent à renforcer l'offre de biens et services. Les liens entre ces politiques et la régulation monétaire sont plus faibles, mais pas tout à fait inexistants. D'une part, dans une économie qui croît grâce à l'amélioration de la productivité, il est plus facile de maintenir la stabilité des prix. D'autre part, la stabilité des prix pousse les autorités responsables de la politique économique à se concentrer sur les mesures structurelles afin d'améliorer la production et l'emploi, puisqu'il a été établi que cette fonction ne peut être remplie par la politique de la demande. De surcroît, en Europe, l'unification monétaire accroît la concurrence entre systèmes économiques et donc également entre politiques structurelles des différents pays, en encourageant l'adoption de mesures qui favorisent l'économie. Cette voie intensifie l'action de concurrence et de libéralisation que la Commission déploie depuis longtemps dans le domaine du commerce international, dans les secteurs protégés, tels que les communications et les transports, dans le contrôle des aides de l'État, dans la structure des marchés. Cela donne un caractère concret et précis au principe, qui est exprimé dans le traité de Maastricht, de la promotion d'une économie de marché concurrentielle et ouverte.

Les liaisons mentionnées plus haut restent toutefois de second ordre; régulation monétaire et politiques structurelles sont, à la base, deux choses distinctes auxquelles sont assignés des objectifs distincts. En particulier, l'instrument premier de l'objectif de l'emploi sont les politiques structurelles et il ne faut pas se faire d'illusions quant au fait que l'unification monétaire puisse, à elle seule, permettre de réaliser des progrès sensibles dans ce domaine.

Chapitre 5

Les organes de décision du Système européen de banques centrales

Nous avons vu dans les chapitres précédents ce qu'est le Système européen de banques centrales, quelle est sa structure, quels sont ses objectifs. Il faut maintenant examiner la composition et les modalités de fonctionnement de ses organes de décision. L'article 8 des statuts affirme : « Le SEBC est dirigé par les organes de décision de la BCE ». Dans sa concision, cet article sanctionne, comme nous l'avons déjà dit, la plus importante innovation politico-institutionnelle du traité de Maastricht, à savoir la mise en commun, de la part des pays participant à la zone euro, de la souveraineté monétaire nationale, par son attribution à une institution supranationale, la Banque centrale européenne. À partir de janvier 1999, la politique monétaire pour les pays qui ont choisi l'euro n'a plus de caractéristiques nationales, elle est unique, elle s'applique d'une manière uniforme à toute la zone et elle est gérée par un système de banques centrales qui s'inspire des modèles en vigueur dans les états fédéraux.

Nous allons voir qui gère ce système de banques centrales dans l'intérêt de l'Union européenne et suivant quelles modalités.

Les organes de décision de la Banque centrale européenne, et par conséquent du Système européen de banques centrales, sont le conseil des gouverneurs et le directoire. Tant qu'existeront des pays membres de l'Union européenne qui ne participent pas à la zone euro (définis par le traité « États membres faisant l'objet d'une dérogation »), est également prévu un Conseil général, qui n'a d'ailleurs aucun pouvoir dans le domaine de la politique monétaire unique. La composition, les fonctions et les modalités de formation des décisions de chacun de ces organes sont décrites ci-après.

5.1 Composition du conseil des gouverneurs et du directoire

Le conseil des gouverneurs se compose des membres du directoire et des gouverneurs des banques centrales nationales des pays participants. À son tour le directoire comprend le président et le vice-président de la Banque centrale européenne et quatre autres membres. Seuls des ressortissants des États membres de l'Union européenne participant à la zone euro peuvent être membres du directoire. Au sein du conseil des gouverneurs, les gouverneurs des banques nationales sont en nette majorité par rapport aux membres du directoire.

Le président et le vice-président de la Banque centrale européenne et les autres membres du directoire sont nommés d'un commun accord par les gouvernements des pays participant à la zone euro, après consultation du Parlement européen et du conseil des gouverneurs de la Banque centrale européenne. Le mandat des membres du directoire a une durée de huit ans, non renouvelable. Lors de la nomination initiale, la durée du mandat, pour les membres autres que le président, a été échelonnée : le vice-président a été nommé pour quatre ans et les autres membres du directoire avaient un mandat d'une durée comprise entre cinq et huit ans. Le directoire sera ainsi toujours renouvelé partiellement, afin de garantir la continuité et l'indépendance de son action.

Les statuts obligent les gouvernements des pays membres à choisir les membres du directoire « parmi des personnes dont l'autorité et l'expérience professionnelle dans le domaine monétaire ou bancaire sont reconnues ». Le caractère complexe et délicat des fonctions confiées au directoire exige de ses membres non seulement une forte personnalité, mais également les compétences techniques dans les secteurs où la Banque centrale européenne exerce des fonctions et assume des responsabilités. Le Conseil européen a choisi, comme premiers membres du directoire : Messieurs Wim Duisenberg, ancien président de l'Ime et président de la Nederlandsche Bank, pour la présidence; Christian Noyer, ancien directeur général du Trésor français, pour la vice-présidence; Otmar Issing, du directoire de la Bundesbank; Tommaso Padoa-Schioppa, ancien membre du directoire de la Banque d'Italie et ancien président de CONSOB (l'agence italienne responsable du contrôle prudentiel sur les marchés financiers); Sirkka Hämäläinen, ancien gouverneur de la Banque de Finlande, et Eugenio Domingo Solans, de la Banque d'Espagne.

Les membres du directoire, en vue de protéger leur autonomie, jouissent de garanties de maintien du mandat analogues à celles prévues pour les gouverneurs des banques centrales nationales, que nous avons vues au chapitre 2. Seule la Cour de justice peut les démettre d'office de leurs fonctions, à la requête du conseil des gouverneurs ou du directoire lui-même, lorsque les conditions nécessaires à l'exercice de leurs fonctions ne sont plus remplies ou s'ils ont commis une faute grave.

L'engagement des membres du directoire est à plein temps. Pour éviter tout conflit d'intérêts, aucun membre ne peut exercer une profession, rémunérée ou non, à moins qu'une dérogation ne lui ait été accordée à titre exceptionnel par le conseil des gouverneurs.

5.2 Fonctions du conseil des gouverneurs

Le conseil des gouverneurs de la Banque centrale européenne est l'organe de décision le plus important du Système européen de banques centrales. C'est en effet l'organe qui est chargé d'adopter les décisions fondamentales de politique monétaire et toute autre décision nécessaire à l'accomplissement des missions qui sont confiées au Système européen de banques centrales par le traité et les statuts. Le conseil des gouverneurs trace donc le cadre général de référence pour la politique monétaire. Il choisit, par exemple, un objectif monétaire intermédiaire ou un objectif direct d'inflation, comme nous le verrons au chapitre 7;

il décide si et, le cas échéant, dans quelle mesure et de quelle façon, les institutions de crédit doivent détenir un pourcentage de dépôts sous la forme de réserve obligatoire auprès de la banque centrale; il fixe le niveau des taux d'intérêt officiels, c'est-à-dire à quel taux prêter de l'argent aux banques commerciales afin d'en influencer le comportement vers l'expansion ou la restriction monétaire; il exécute les opérations d'achat et de vente de l'euro contre des devises tierces sur le marché des changes, la gestion des réserves officielles en devises, l'action de contrôle du système des paiements (tous ces aspects seront repris au chapitre 7).

Nous avons déjà eu l'occasion de souligner que, dans le modèle décentralisé auquel s'inspire le Système européen de banques centrales, c'est aux banques centrales nationales que revient principalement la tâche de mettre en œuvre les opérations de politique monétaire. Le conseil des gouverneurs veille d'ailleurs à ce que ses directives soient respectées par les banques centrales nationales dans leurs opérations. Il peut, à cette fin, leur demander de transmettre à la Banque centrale européenne toute information utile au moyen des systèmes informatiques qui relient les membres du système.

Si le noyau des responsabilités du conseil des gouverneurs est constitué par la définition et le contrôle de la mise en œuvre de la politique monétaire unique dans les pays de la zone euro, les statuts confient néanmoins au Conseil d'autres fonctions importantes.

Premièrement, le conseil des gouverneurs doit prendre à sa charge l'organisation interne de la Banque centrale européenne et de ses organes de décision, et en approuver les règlements. Deuxièmement, les fonctions consultatives que les statuts confient à la Banque centrale européenne relèvent du conseil des gouverneurs. Ces fonctions sont liées à l'obligation, de la part des autorités nationales et communautaires, de consulter la Banque centrale européenne au sujet de tout projet de réglementation dans les domaines relevant de sa compétence. Le conseil des gouverneurs peut, en outre, prendre l'initiative de soumettre à l'attention des autorités nationales et communautaires des avis concernant des domaines relevant de sa compétence. Enfin, le conseil des gouverneurs peut recommander des modifications aux statuts par procédure simplifiée. En effet, alors que normalement la modification des statuts du Système européen de banques centrales exige le respect de la procédure prévue pour les amendements au traité, qui se termine par la ratification de la part des parlements des pays membres, certains articles peuvent être amendés par le Conseil européen, donc par des décisions de compétence exclusivement gouvernementale. Il s'agit d'articles concernant, notamment, les pouvoirs statistiques du Système européen de banques centrales, les typologies et les caractéristiques techniques des opérations de politique monétaire, la détermination du revenu monétaire (un sujet extrêmement délicat que nous verrons au chapitre 6).

Les décisions dans le domaine de la coopération internationale présentent également un intérêt particulier : il revient en effet au conseil des gouverneurs de déterminer la représentation du Système européen de banques centrales au sein des institutions monétaires internationales et de toutes les autres assises où s'exprime la coopération entre différentes nations dans les secteurs de compétence du Système. À cette catégorie appartiennent : le Comité économique et financier, par lequel le traité de Maastricht a remplacé le Comité monétaire, doté d'importantes fonctions tant d'analyse de l'évolution économique et financière de l'Union européenne que de soutien à la Commission et au Conseil; le Fonds monétaire international; le Groupe des sept (dont nous avons parlé au chapitre précédent) et le Groupe des dix (qui, contrairement à son nom, est formé de 11 membres car il associe, aux pays du Groupe des sept, la Suède, la Suisse, la Belgique et les Pays-Bas), ainsi que les différents comités qui en émanent, dans les secteurs du contrôle prudentiel sur les établissements bancaires, de la sécurité et efficacité des systèmes de paiement, de l'analyse de l'évolution des marchés financiers internationaux. La représentation de toutes ces instances peut être confiée aussi bien à la Banque centrale européenne qu'aux banques centrales nationales et les décisions à cet égard sont extrêmement délicates car elles touchent à la portée de la renonciation à la souveraineté nationale en faveur de la Banque centrale européenne. Un raisonnement extrême pourrait amener à penser que la responsabilité de la Banque centrale européenne dans la définition de la politique monétaire unique lui confie la tâche de représenter exclusivement le Système européen de banques centrales dans les différentes assises de la coopération monétaire internationale. Du reste, dans ces assises sont également traités des sujets ne rentrant pas dans les compétences de la Banque centrale européenne, notamment les questions concernant le contrôle prudentiel sur les systèmes bancaires et les marchés financiers. C'est là aussi qu'il faut affronter des situations qui, tout en ayant des répercussions d'ordre monétaire, présentent des contenus politiques généraux évidents et indissociables, sur lesquels les gouvernements des États membres et les banques centrales nationales ont l'autorité – et tout intérêt – à soutenir directement leur point de vue. Le modèle décentralisé auquel s'inspire le Système européen de banques centrales a amené à confier à la Banque centrale européenne le rôle de représenter et défendre l'unicité de la politique monétaire de l'Union. Il n'a pas pour autant privé les organismes de coopération internationale de la contribution d'analyse que les banques centrales nationales peuvent apporter lors de l'élaboration de décisions communes.

Demeure le principe, cohérent avec la formulation générale, que dans le Fonds monétaire international chacun des gouvernements continue à être représenté, lorsque cela est nécessaire, par la participation de sa banque centrale nationale. Néanmoins, la Banque centrale européenne prend également part aux travaux du Fonds lorsque les débats portent sur la politique monétaire de l'Union européenne ou sur d'autres sujets où sa responsabilité est prédominante, tels que les taux de change ou les systèmes des paiements. En outre, les consultations périodiques du Fonds avec les pays membres s'étendent à la Banque centrale européenne dans le cadre de la politique monétaire et de change. Pareillement, chacune des banques centrales nationales sera représentée au sein du Comité économique et financier de l'Union européenne, même si les thèmes que le traité de Maastricht a confié à la responsabilité de la Banque centrale européenne relèvent exclusivement des membres de cette dernière. Au sein du Groupe des sept et du Groupe des dix, la collaboration entre les gouvernements prévaut sur celle entre les banques centrales, aussi profonde et développée qu'elle soit, notamment dans le domaine du contrôle prudentiel des banques et des systèmes de paiement. Il ne fait aucun doute, toutefois, que le point de vue de la Banque centrale européenne, représentée par ses principaux membres, aura l'importance voulue surtout si l'objectif principal de son action, la stabilité des prix, devait entrer en jeu. C'est toutefois dans le Groupe des sept et le Groupe des dix que pourraient se manifester le plus clairement les problèmes de la représentation de l'Union européenne évoqués au chapitre 4. Ceux-ci concernent cependant les gouvernements et non le Système de banques centrales, qui possède tous les instruments pour exprimer une volonté unique et une action unique. Il est facile de prévoir, en tout cas, que la coopération internationale dans le domaine économique devra s'ajuster sur la base de procédures et d'équilibres nouveaux, du fait de l'unification monétaire européenne. Des spécialistes ont même prévu, du moins à long terme, une coopération tripolaire entre États-Unis, Europe et Japon. Cela aurait les implications suivantes : le Groupe des sept se transformerait en Groupe des trois; le Groupe des dix serait progressivement vidé; le rôle du Fonds monétaire international en tant qu'institution globale et celui de la Banque mondiale en tant que principale agence pour le développement seraient renforcés.

5.3 Procédures de vote au sein du conseil des gouverneurs

Le conseil des gouverneurs est un organe collégial, qui décide par vote. Les règles fondamentales (il existe quelques exceptions que nous verrons par la suite) des procédures de vote sont au nombre de deux : chaque membre du Conseil est titulaire d'une voix, chaque délibération est prise à la majorité simple. La première des deux règles a une valeur particulière : elle indique en effet que les gouverneurs des banques centrales nationales ne représentent pas les intérêts de leur pays de provenance – dans ce cas le vote de chacun aurait eu comme par exemple dans le Fonds monétaire international ou dans la Banque mondiale, un poids rapporté à l'importance du pays –, mais ils agissent pour que la Banque centrale européenne puisse atteindre les objectifs que les statuts lui attribuent dans l'intérêt de l'Union européenne tout entière. Pour pouvoir délibérer il faut la présence d'au moins deux tiers des membres du Conseil. Le Président peut toutefois, pour empêcher d'éventuelles formes d'obstructionnisme, convoquer le Conseil en séance extraordinaire : il est possible, dans ce cas, de délibérer indépendamment du nombre des présents. Seuls les Gouverneurs présents peuvent voter. Ils peuvent d'ailleurs se faire substituer par un suppléant s'il leur est impossible de participer aux réunions du Conseil pour une longue période. Le Conseil peut aussi prévoir une procédure de vote en téléconférence, méthode pouvant s'avérer particulièrement utile pour un Conseil formé principalement de membres résidant dans des pays différents.

Il existe une série de problèmes de nature financière, inhérents au Système européen de banques centrales et sans rapport avec la politique monétaire unique, sur lesquels le Conseil délibère suivant des règles spéciales : les gouverneurs des banques centrales nationales expriment un vote pondéré conformément à la répartition du capital souscrit de la Banque centrale européenne (cf. tableau 3, chap. 6); les membres du directoire ne votent pas; les délibérations requièrent une majorité représentative correspondant à deux tiers au moins du capital souscrit.

Le *quorum* (deux tiers des votants sans pondération des votes) est enfin nécessaire pour délibérer sur l'éventuelle incompatibilité de certaines fonctions particulières remplies par les banques centrales nationales avec les objectifs et les missions du Système européen de banques centrales, ainsi que sur le recours à des instruments de contrôle monétaire différents de ceux explicitement prévus par les statuts, qui doivent toujours rester compatibles avec les principes généraux d'une libre économie de marché.

Les statuts prévoient que le conseil des gouverneurs se réunisse au moins dix fois par an. Il revient au conseil de décider si cette fréquence minimale est suffisante ou bien s'il est nécessaire, en présence de situations particulièrement délicates, de se réunir plus souvent, en exploitant la possibilité de recourir aux téléconférences.

Les réunions du conseil des gouverneurs sont confidentielles. Non seulement, donc, il n'existe aucune obligation statutaire d'en publier – même après un certain laps de temps – les procès-verbaux, mais il faut penser qu'il y ait défense de publication. Le Conseil peut toutefois décider de rendre public, dans les formes qu'il considère adéquates, « le résultat de ses délibérations ». L'absence d'obligations de publicité des réunions du Conseil a été critiquée car elle diminuerait la transparence de l'action de la Banque centrale européenne et la possibilité de la contester. Le conseil des gouverneurs a par ailleurs signalé, dès le début, que la requête de transparence de la part de l'opinion publique sera promptement satisfaite aussi bien à travers des conférences de presse du président que par la publication de communiqués apportant des informations au sujet des décisions adoptées par le Conseil et des motivations les concernant.

5.4 Fonctions et procédures de vote du directoire

Les fonctions les plus importantes que les statuts confient au directoire concernent la politique monétaire. Le directoire a en effet la responsabilité de mettre en œuvre les décisions de politique monétaire du conseil des gouverneurs et, dans ce cadre, de donner les instructions nécessaires aux banques centrales nationales, qui constituent, dans ce secteur, le bras opérationnel de la Banque centrale européenne. Supposons par exemple, en anticipant quelques considérations que nous verrons au chapitre 7, que le conseil des gouverneurs ait décidé que la Banque doive viser l'accroissement d'un agrégat monétaire déterminé pour la zone euro à un taux annuel de 4 ou 5 % et que, jusqu'à une nouvelle délibération, les taux d'intérêt du marché monétaire fluctuent à l'intérieur d'un couloir compris entre 2 et 4 %. Dans ce contexte, le directoire informera les banques centrales nationales sur la fréquence et le montant des opérations de politique monétaire jugées cohérentes avec les décisions politiques du conseil des gouverneurs. Il contrôlera constamment, en outre, la réelle évolution des marchés et des agrégats monétaires, ainsi que le respect des instructions de la part des banques centrales nationales.

Le directoire, qui, nous le rappelons, est composé de membres engagés à temps plein et exclusif auprès de la Banque centrale européenne, est chargé de gérer les affaires courantes de la banque, à savoir l'administration, le personnel, la sécurité interne, l'équipement en capital informatique et ainsi de suite.

Une fonction délicate du directoire est de préparer les réunions du conseil des gouverneurs. Le choix des arguments à signaler à l'attention du conseil, les modalités de préparation de la documentation correspondante, peuvent se révéler des éléments essentiels dans le processus de décision du conseil.

En plus des pouvoirs autonomes prévus par les statuts, le directoire peut recevoir délégation d'autres pouvoirs par décision du conseil des gouverneurs.

Les décisions du directoire sont normalement prises à la majorité simple des suffrages exprimés. En cas de partage des voix, celle du Président est prépondérante. Pour le directoire également, la règle est que chaque membre est titulaire d'une voix.

Le Système européen de banques centrales étant régi par des organes collégiaux, les pouvoirs du président sont bien définis. Il préside le conseil des gouverneurs et le directoire, représente la Banque centrale européenne à l'extérieur, engage juridiquement, par sa signature, la Banque centrale européenne vis-à-vis de tiers.

La configuration du conseil des gouverneurs – avec les membres résidents et à plein temps du directoire et les gouverneurs des banques centrales nationales – calque le modèle adopté par les États fédéraux (par exemple l'Allemagne et les États-Unis) pour adapter les exigences de la fédération à celles des États qui la composent. On peut affirmer que le directoire représente au sein du Conseil la composante fédérale, alors que les gouverneurs représentent la composante nationale. Le Conseil est également le lieu où doivent se régler les éventuels conflits de compétence entre la structure centrale de la Banque centrale européenne et celle décentralisée des banques centrales nationales.

La recherche du juste équilibre entre composante fédérale et composante nationale exigera une dialectique intense à l'intérieur du conseil des gouverneurs, qui doit être alimentée par les avantages spécifiques de chacune des deux composantes. En faveur des gouverneurs des banques centrales nationales se trouve en premier lieu le poids de l'histoire, concrétisé par le fait que les banques centrales nationales sont dotées d'une véritable richesse en personnel, en compétences, en capacités analytiques, en pratiques consolidées. Elles vont en outre garder l'avantage d'un dialogue intense avec les opérateurs financiers, constamment renouvelé dans le déroulement des opérations de politique monétaire et de change qui leur sont confiées, de même que celui d'une connaissance profonde de la situation courante et des conditions de leur pays. En faveur des membres du directoire joue la concentration, à plein temps, sur la conduite de la politique monétaire, l'avantage d'information dérivant de la configuration en éventail, comme nous l'avons vu au chapitre 3, des procédures informatiques du système, la perspective continentale, indispensable pour mener une action de type totalement intégré telle que la politique monétaire. La clarté absolue des buts de la Banque centrale européenne, la conscience de devoir répondre du résultat de ses actions aux autres institutions de l'Union et à l'opinion publique vont concourir à mener les points de vue des membres du directoire et des gouverneurs des banques centrales vers un résultat synthétique et équilibré, en constante évolution. Il faut quand même exclure une opposition permanente au sein du Conseil entre les gouverneurs et les membres du directoire : les diversités, structurelles et conjoncturelles, entre les différents pays participants tendront à empêcher la formation de coalitions entre gouverneurs en mesure de dominer le Conseil. La stabilité et la perspective générale des décisions seront ainsi favorisées. Si, dans le temps, l'équilibre devait se déplacer vers l'instance centrale, cela dépendrait non seulement des avantages dont jouissent les membres du directoire, avantages destinés à s'accroître dans le temps contrairement à ceux des gouverneurs, mais aussi de la croissante intégration de l'économie de l'Union.

5.5 Le Conseil général

Un troisième organe de décision (ainsi défini, peut-être improprement par les statuts) de la Banque centrale européenne est le Conseil général : en font partie le président et le vice-président de la Banque centrale européenne (les autres membres du directoire peuvent assister aux réunions mais n'ont pas le droit de vote) et les gouverneurs de toutes les banques centrales nationales de l'Union, y compris celles des pays non participants à la zone euro.

Le Conseil général n'a aucune compétence pour ce qui est de la politique monétaire de la zone euro. Il est, en premier lieu, l'organe qui permet des rapports de collaboration et de coordination entre les banques centrales nationales des pays qui font partie de la zone euro et celles des pays faisant l'objet d'une dérogation, que ce soit par libre choix ou parce qu'ils n'ont pas encore atteint le degré de convergence nécessaire. Dans le Conseil général continuent donc les travaux préparatoires commencés par l'Institut monétaire européen, avec une attention particulière aux pays faisant l'objet d'une dérogation. Le Conseil général examine les conditions économiques de ces pays pour évaluer s'ils ont atteint un degré de convergence qui leur permette de participer à la zone euro. La coordination des politiques monétaires des pays faisant l'objet d'une dérogation avec celle de la zone euro est réalisée au sein du Conseil général. À cette fin, le contrôle de l'évolution de l'accord de change entre les monnaies des pays faisant l'objet d'une dérogation et l'euro – le dénommé MCE 2 décrit au chapitre 4 – revêt une importance particulière. Le traité prévoit en effet la participation, pendant une période d'au moins deux ans, à l'accord de change dans des conditions de stabilité substantielle pour pouvoir faire partie de la zone euro.

Le Conseil général participe aux fonctions consultatives de la Banque centrale européenne, y compris celles prévues dans le domaine du contrôle prudentiel des établissements bancaires; il partage des responsabilités dans le domaine de la collecte des statistiques monétaires et de crédit; il contribue à la préparation des rapports par lesquels la Banque centrale européenne réfère au Parlement européen, à la Commission et au Conseil européen sur les activités du Système européen de banques centrales.

5.6 Les actes juridiques des organes de décision

Les manifestations de volonté des organes de décision de la Banque centrale européenne peuvent prendre des formes juridiques diverses, prévues par les statuts, en particulier à l'article 34.

L'acte juridique de portée générale est le règlement; il est obligatoire dans tous ses éléments et s'applique directement dans tous les États participants à la zone euro. Le conseil des gouverneurs établit les règlements dans la mesure nécessaire à la définition et à la mise en œuvre de la politique monétaire; il impose par ceux-ci des réserves minimales aux institutions de crédit; il intervient pour assurer l'efficacité et la sécurité des systèmes de paiement; il met en œuvre les dispositions prises par le Conseil européen dans plusieurs secteurs (en particulier, l'exercice des fonctions consultatives; l'imposition à des personnes physiques et juridiques d'obligations de communications statistiques; l'application de sanctions pour le non-respect des obligations imposées par la Banque centrale européenne au moyen de ses règlements ou décisions). Les règlements sont publiés dans le journal officiel des Communautés européennes.

Pour s'acquitter des tâches relevant du Système européen de banques centrales, le conseil des gouverneurs et le directoire peuvent prendre des décisions : celles-ci se distinguent des règlements en ce qu'elles sont dépourvues d'une portée générale, mais engagent seulement ceux auxquels elles s'adressent (les banques centrales nationales notamment). Elles peuvent être publiées dans le Journal officiel des Communautés européennes. Le traité exige que les règlements et les décisions soient motivés.

Le conseil des gouverneurs peut également émettre des recommandations et des avis non contraignants par lesquels la Banque centrale européenne manifeste à l'extérieur ses analyses et ses évaluations sur des questions déterminées et avance des propositions aux organes préposés à la décision.

Enfin, plusieurs articles des statuts donnent au conseil des gouverneurs et au directoire le pouvoir d'émettre des instructions et des directives, tendant à régler des aspects d'organisation interne du Système européen de banques centrales : celles qui sont émises par le directoire ont une valeur inférieure, puisqu'elles visent à l'application des dispositions du conseil des gouverneurs.

Les règlements, les décisions, les instructions et les directives font partie de la réglementation communautaire et prévalent donc sur les dispositions nationales du même genre.

Le traité et les statuts attribuent à la Cour de justice le contrôle juridictionnel sur les actes ou les omissions de la Banque centrale européenne. En particulier la Cour est compétente pour statuer sur les litiges entre la Banque centrale européenne et les banques centrales nationales, relatifs à l'accomplissement de la part de ces dernières des obligations qui leur incombent au titre des statuts.

Chapitre 6

Le bilan de la Banque centrale européenne

6.1 Qu'est-ce que le bilan?

Nous avons vu, au chapitre 2, que la politique monétaire implique, en général, des changements dans le bilan de la banque centrale et puis, par effet de chaîne, dans les bilans des entreprises et des ménages, et enfin dans les variables déterminantes pour le bien-être économique, telles que l'investissement, la consommation, l'épargne, le revenu. Le bilan de la banque centrale est donc une sorte de clé de voûte sur laquelle s'appuie le levier monétaire qui contribue, avec les autres instruments de la politique économique, à la réalisation des objectifs économiques généraux d'un pays. Cette fonction se reflète parfaitement dans le fait que toutes les opérations de politique monétaire dont nous parlerons au chapitre 7 ont une correspondance immédiate dans le bilan de la banque centrale. Son illustration a donc non seulement un intérêt comptable, mais elle est indispensable à la compréhension du fonctionnement de la banque centrale et de la politique monétaire.

Quand on parle, en termes généraux, du bilan d'une entreprise, on se réfère à deux pièces comptables différentes : la situation patrimoniale et le compte de résultats. Le premier fixe la consistance, à une date donnée, des actifs et des passifs de l'entreprise, autrement dit de ses avoirs et de ses dettes. La différence entre les deux donne le capital global de l'entreprise, c'est-à-dire la valeur qui reste, idéalement, après avoir payé toutes les dettes, avec le produit de la vente des actifs.

Le deuxième document résume les produits (encaissements) et les charges que l'entreprise a eues dans un laps de temps donné. Si la différence est positive, elle représentera le profit obtenu, si elle est négative, les pertes subies. Cette différence représente une variation, respectivement en augmentation ou en diminution, du capital de l'entreprise, qui doit être enregistrée dans la situation patrimoniale. Plus en général, le compte de résultats et la situation patrimoniale sont intimement liés et toute opération d'une entreprise a des conséquences, directes ou indirectes, aussi bien pour le premier que pour la seconde.

Les banques centrales sont elles aussi des entreprises qui produisent des services d'un genre très particulier et rédigent un bilan qui fait état de la situation patrimoniale et du compte de résultats. Afin d'illustrer cela nous rapportons le bilan simplifié de la Banque de France pour l'année 1997, en se concentrant sur la situation patrimoniale. Pour donner un ordre de grandeur, on peut rappeler que le produit intérieur brut de la France correspondait à environ 1 200 milliards d'euro (tableau 3), équivalents

Tableau 2 : Situation patrimoniale simplifiée de la Banque de France chiffres exprimés en milliards de francs au 31 décembre 1997

Actifs		Passifs	
Actifs envers l'étranger		Base monétaire	
Or	149	Circulante	273
Réserves nettes en devises convertibles	151	Réserve obligatoire	15
Autres réserves	23	Autres dépôts bancaires	21
Actifs envers l'intérieur		Dépôts du Trésor	43
Envers le Trésor	33		
Envers les institutions financières	125		
Autres actifs	112	Capital, réserves et autres fonds patrimoniaux	241
Total	593	Total	593

Source : *Bulletin de la Banque de France, supplément « Statistiques »*

à environ 7800 milliards de francs en 1997, donc le total du bilan de la Banque de France était d'environ 7 % du produit, la base monétaire d'environ 3 %, les activités sur l'étranger d'environ 4 %.

La variation de la situation patrimoniale, d'une période à l'autre, reflète les opérations de politique monétaire. Par exemple, les ventes ou achats de titres (décrits au chapitre 7) effectués pour régler les liquidités du système bancaire et influer sur le niveau des taux d'intérêt, causeront, du côté de l'actif, des variations dans les actifs sur l'intérieur, auxquelles pourront correspondre, du côté du passif, des variations de la base monétaire, notamment de la réserve obligatoire ou des dépôts. Les ventes ou les achats de devises étrangères contre la monnaie nationale provoquent des variations des actifs sur l'étranger et des variations des dépôts des banques ou, à passif égal, une compensation dans les actifs sur l'intérieur.

L'examen du compte de résultats permet de vérifier si la banque centrale est en mesure de financer les dépenses courantes et d'investissement, et de pourvoir au renforcement du patrimoine. Un patrimoine adéquat, à son tour, outre à garantir un flux annuel de revenu, protège la banque centrale contre les risques de pertes sur les réserves officielles en devises ou sur le portefeuille de titres, liées respectivement à des changements dans les taux de change ou les taux d'intérêt (nous avons déjà eu l'occasion de souligner l'importance de l'autonomie financière pour la sauvegarde de l'indépendance opérationnelle d'une banque centrale).

Une fois cela établi, nous allons maintenant examiner le bilan de la Banque centrale européenne et du Système européen de banques centrales.

6.2 Le capital de la Banque centrale européenne

Les statuts prévoient que la Banque centrale européenne soit dotée d'un capital de 5 milliards d'euros (équivalents à environ 32 milliards de francs). Étant donné que quatre pays ne participent pas dès le départ à la zone euro, le capital effectivement versé est d'environ 4 milliards d'euros, correspondant à

26 milliards de francs. Les dimensions relativement modestes de la Banque centrale européenne par rapport aux banques centrales nationales sont ainsi confirmées. Le capital global de la Banque de France (y compris les réserves et les autres fonds patrimoniaux) par exemple, s'élève à 240 milliards de francs, correspondant à environ 37 milliards d'euros (v. tableau 2). Le conseil des gouverneurs peut délibérer des augmentations de capital. Le capital est souscrit et détenu exclusivement par les banques centrales nationales. Le conseil des gouverneurs détermine le montant exigible et les modalités de libération du capital.

La répartition du capital entre les banques centrales nationales se fait sur la base d'une clé de répartition contenue dans les statuts. Elle prévoit que la part de capital de chacune des banques centrales nationales soit donnée par la moyenne entre la part de la population et la part du produit intérieur brut du pays d'appartenance de la banque centrale considérée par rapport à la population et au produit intérieur brut total de l'Union européenne, ou des pays de l'Union qui participent effectivement à la zone euro. Par exemple, si un pays a 20 % de la population de l'Union européenne et produit 22 % du produit intérieur brut, sa banque centrale aura une part du capital de la Banque centrale européenne correspondant à 21 % (moyenne simple entre 20 et 22).

La distribution effective du capital de la Banque centrale européenne est montrée au tableau 3. On exclut toutefois les pays faisant l'objet d'une dérogation, le Royaume-Uni, le Danemark, la Suède et la Grèce, qui ne participent pas dès le départ à la zone euro.

Les pays faisant l'objet d'une dérogation ne doivent pas verser la part de capital qui leur reviendrait. Le Conseil général a toutefois délibéré le versement d'un montant minimum afin de faire participer ces pays également aux coûts opérationnels de la Banque centrale européenne.

Tableau 3 : Participation au capital de la Banque centrale européenne

à l'exclusion du Danemark, de la Grèce, du Royaume-Uni et de la Suède

Données de 1997	**Population**		**Produit intérieur brut**		**Part du capital dans la Banque centrale européenne**	**Pourcentage de la base monétaire**
Pays	millions	% sur le total	milliards d'euros	% sur le total		
Allemagne	82060	28,3	1854	33,4	30,9	37,4
Autriche	8084	2,8	182	3,3	3,0	3,7
Belgique	10182	3,5	214	3,9	3,7	2,8
Espagne	39323	13,5	469	8,5	11,2	13,4
Finlande	5140	1,8	105	1,9	1,8	1,4
France	58607	20,2	1229	22,1	21,4	11,0
Irlande	3661	1,3	67	1,2	1,1	0,4
Italie	57506	19,8	1012	18,2	19,0	22,8
Luxembourg	421	0,1	14	0,3	0,2	0,0
Pays-Bas	15603	5,4	318	5,7	5,4	5,6
Portugal	9876	3,4	85	1,5	2,4	1,5
Total UE-11	290463	100,0	5548	100,0	100,0	100,0

Source : *Union européenne, Banque centrale européenne, Fonds monétaire international*

6.3 Le transfert de réserves officielles

Les statuts établissent que, outre la participation au capital, les banques centrales nationales des pays de la zone euro doivent transférer à la Banque centrale européenne des réserves monétaires jusqu'à un plafond maximum de 50 milliards d'euros (325 milliards de francs environ). De fait, étant donné la non-participation, dès le début, de la Grande-Bretagne, de la Suède, du Danemark et de la Grèce, le montant des réserves à verser à la Banque centrale européenne a été d'environ

40 milliards d'euros. Le tableau 4 montre une estimation des réserves en or et en devises étrangères (en excluant donc les réserves en devises communautaires) des banques centrales nationales de la zone euro à la fin de 1997. Il ressort de ce tableau que les réserves sont très vastes, le montant étant proche de 224 milliards d'euros (215 milliards en devises et 109 en or). Par conséquent, non seulement le versement jusqu'à un maximum de 50 milliards à la Banque centrale européenne peut être effectué aisément, mais également toute future exigence pourra être facilement satisfaite.

Les réserves transférées sont, naturellement, libellées en devises différentes des devises communautaires. Les banques centrales européennes, à l'exception de la banque centrale allemande, ont accumulé, surtout dans les années 80, d'amples réserves monétaires libellées en deutschemarks, principalement pour gérer la participation de leur propre monnaie à l'accord de change dans le Système monétaire européen. Avec le passage à l'euro, les actifs financiers en deutschemarks sont libellés dans la monnaie unique européenne et se transforment d'actifs sur l'étranger en actifs en monnaie nationale. Il en découle que les actifs qui peuvent être transférés à la Banque centrale européenne sont principalement des actifs libellés en dollars des États-Unis, yen japonais et or.

Les banques centrales nationales transfèrent des réserves en devises et en or dans la même proportion où elles participent au capital de la Banque centrale européenne. Étant donné une participation de la Banque de France au capital de 21 % environ, comme indiqué au tableau 3, et un transfert total de réserves monétaires et en or pour un montant de 40 milliards d'euros (calculé en excluant du total maximum de 50 milliards la part des pays qui ne participent pas dès le début à la zone euro), la Banque de France a versé des réserves, en devises non communautaires et en or, pour un montant correspondant à environ 8,5 milliards d'euros (55 milliards de francs environ). Des transferts de réserves dépassant les 50 milliards d'euros prévus par les statuts peuvent être délibérés suivant une procédure fixée par le Conseil, sur proposition de la Commission ou de la Banque centrale européenne, après consultation du Parlement européen.

Tableau 4 : Réserves officielles en devises étrangères et en or des banques centrales nationales de l'Union Européenne
chiffres en milliards d'euros en décembre 1997 à l'exclusion du Danemark, de la Grèce, du Royaume-Uni et de la Suède

Pays	Réserves en devises étrangères hors-UE *(principalement dollars et yen)*	Réserves en or	Total
Allemagne	59	32	90
Autriche	13	4	17
Belgique	10	4	15
Espagne	54	3	58
Finlande	6	1	7
France	18	28	45
Irlande	6	0	6
Italie	27	22	49
Luxembourg	-	-	-
Pays-Bas	14	9	24
Portugal	8	6	14
Total UE-11	215	109	324

Source : *JP Morgan*

Par le versement d'une partie de leurs réserves, les banques centrales nationales acquièrent un crédit sur la banque européenne. Celle-ci, sur la base des statuts, peut gérer et utiliser les réserves pour des opérations sur les marchés des changes. Nous avons déjà vu toutefois que le Système européen de banques centrales va mettre en place une ample décentralisation opérationnelle. Les réserves officielles versées à la Banque centrale européenne vont donc continuer, nous le verrons au chapitre 7, à être gérées par les banques centrales nationales, qui se conformeront d'ailleurs aux directives reçues de la Banque centrale européenne, afin que soit réalisée une gestion des réserves cohérente et efficace. La Banque centrale européenne, d'ailleurs, est dotée des ressources humaines et informatiques nécessaires pour contrôler de façon continue l'action des banques centrales nationales.

6.4 La comptabilité de la Banque centrale européenne

La rédaction du bilan de la Banque centrale européenne – situation patrimoniale et compte de résultats – est assignée par les statuts au directoire. Celui-ci applique les principes établis par le conseil des gouverneurs, qui approuve les comptes et en dispose la publication. La rédaction d'un bilan consolidé du Système européen de banques centrales est également prévue, à des fins opérationnelles et d'analyse. Dans ce cas, non seulement le bilan élimine les positions créancières et débitrices internes du Système, mais il se limite aux actifs et aux passifs des banques centrales nationales liés aux fonctions du Système européen de banques centrales (seront donc exclus, par exemple, les actifs où sont investies les provisions pour pension de retraite du personnel).

En vue d'obtenir un bilan consolidé du Système européen de banques centrales, il a été nécessaire de réaliser un travail minutieux qui visait à unifier les procédures comptables suivies par chacune des banques centrales dans la rédaction de ses comptes. Seulement à ces conditions, en effet, il est possible d'additionner les postes du bilan, afin d'obtenir un agrégat qui ait un sens du point de vue comptable et économique. Des règles comptables uniformes sont nécessaires également pour la détermination et puis la redistribution de ce que l'on appelle le revenu monétaire, c'est-à-dire du revenu que les banques centrales tirent des opérations de politique monétaire, dont nous parlerons dans les pages qui suivent.

Le bilan consolidé, opportunément articulé dans ses postes principaux, doit être quotidiennement disponible à la Banque centrale européenne; une version plus détaillée sera mise à disposition avec une fréquence hebdomadaire. Le bilan revêt, en effet, une grande importance pour les opérations. Nous avons dit ci-dessus que le bilan de la banque centrale est le pivot autour duquel tourne toute l'action de la politique monétaire. Dans la structure institutionnelle européenne, c'est le bilan consolidé du Système qui compte, et non uniquement celui de la Banque centrale européenne. En particulier, la base monétaire pour la zone euro doit être contrôlée continuellement. À sa création et destruction contribuent les opérations de politique monétaire, par exemple l'achat et la vente de titres ou de devises. C'est le bilan consolidé qui fournit, notamment au directoire, les informations nécessaires pour calibrer, jour après jour, les opérations visant à réaliser la ligne de politique monétaire décidée par le conseil des gouverneurs. Le bilan qui couvre des périodes plus longues, comme le trimestre ou l'année, remplit des fonctions non opérationnelles, mais analytiques : en outre, comme nous l'avons déjà rappelé, il contribue à satisfaire la demande d'informations et de transparence que toute société démocratique évoluée adresse aux autorités qui la gouvernent.

6.5 Les billets de banque

Un poste important du passif du bilan des banques centrales est représenté par la circulation monétaire, c'est-à-dire par le montant des billets de banque émis. Dans le Système européen de banques centrales c'est le conseil des gouverneurs de la Banque centrale européenne qui « est seul habilité à autoriser l'émission de billets de banque dans la Communauté » (article 16 des statuts). Les billets de banque émis par la Banque centrale européenne sont en outre les seuls à avoir cours légal dans la Communauté, c'est-à-dire, les seuls qu'un créancier doit accepter pour le règlement de ses créances. Également pour ce qui est de l'émission de billets de banque en euros, un modèle décentralisé peut être envisagé : le conseil des gouverneurs peut, en d'autres termes, décider que les billets de banque en euros soient émis, pour les montants qu'il détermine, par chacune des banques centrales nationales, qui les enregistreront ainsi dans le passif de leur bilan.

La circulation des billets de banque en euros commencera le 1er janvier 2002. Avant la fin du semestre suivant, les billets de banque nationaux actuels seront progressivement remplacés, et ils cesseront d'avoir une valeur légale après le 1er juillet au plus tard. Ils pourront cependant être changés en euros auprès des banques centrales qui les ont émis. Jusqu'au 1er janvier 2002, les billets de banque nationaux auront un cours légal uniquement dans le pays d'émission, mais pourront être changés entre eux au taux fixe et irrévocable, établi par le Conseil, gratuitement auprès des banques centrales nationales, et avec des frais limités auprès du système bancaire. Dès janvier 1999, en tout cas, les monnaies nationales ne sont rien d'autre que l'expression de la monnaie unique, l'euro.

Le délai de trois ans, de 1999 à 2002, pour l'introduction des billets en euro découle de la complexité des opérations de conception, dessin, impression et distribution, en coopération entre toutes les banques centrales nationales, de billets de banque qui devront répondre aux exigences de sécurité les plus élevées que la technologie permet d'avoir. Il est en effet très facile de prévoir que les faux-monnayeurs seront tentés de reproduire un billet de banque qui va circuler sur une zone très vaste et qui existera aussi en coupures d'une valeur élevée. Il est prévu que l'impression des billets de banque soit faite par les mêmes imprimeries qui déjà aujourd'hui produisent les billets de banque en circulation dans les pays participants à la monnaie unique. Chaque imprimerie pourra produire la série complète des coupures, ou se spécialiser dans certaines d'entre elles, en les échangeant ensuite avec celles produites dans les autres pays pour distribuer enfin l'entière gamme des billets de banque. Les billets de banque en euros seront identiques, quel que soit le lieu de production, et circuleront avec cours légal dans tous les pays de la zone de la monnaie unique. Les sept coupures des billets de banque (de 5 à 500 euros) sont inspirées de sept époques de la civilisation européenne : gréco-romaine, romane, gothique, renaissance, baroque, art nouveau et moderne. Sur chaque billet de banque sont représentés des ponts, des fenêtres et des portails de l'époque en question, pour symboliser l'ouverture, l'échange, la communication qui caractérisent la civilisation européenne. Les figures humaines sont exclues, (contrairement à la tradition) car la préférence a été donnée à la représentation d'un concept.

Dans l'Union monétaire, les huit pièces métalliques en euro (de 1 centime à 2 euros) seront frappées par les États membres, comme à l'heure actuelle. Le traité assigne d'ailleurs à la Banque centrale européenne la tâche d'établir la valeur globale des pièces en circulation : la banque centrale doit vérifier que la frappe des monnaies soit maintenue dans les limites nécessaires pour le fonctionnement ordonné du système des paiements au détail, et ne soit pas gonflée au point d'altérer sensiblement la masse monétaire, avec des effets sur l'inflation.

6.6 Le revenu monétaire

Les statuts (art. 32) définissent comme revenu monétaire « le revenu dégagé par les banques centrales nationales dans l'exercice des missions de politique monétaire du SEBC ». Les statuts fixent également les règles pour la détermination du revenu monétaire et pour sa distribution parmi les banques centrales des pays participant à l'euro. Avant de les examiner, il est utile de préciser le concept de revenu monétaire.

Le revenu en question est également connu sous le nom de *seigneuriage*. Lorsque la circulation était constituée surtout par des monnaies en métaux précieux (en or notamment, et en argent), tout citoyen pouvait demander à son souverain de lui frapper sa propre monnaie avec les lingots d'or et d'argent qu'il portait à l'hôtel de la Monnaie. Le souverain, en apposant son effigie sur la monnaie, en garantissait la valeur, donnée par la quantité et la pureté du métal qu'elle contenait. En échange de cette garantie, toutefois, il gardait pour lui-même une certaine quantité de métal. L'exercice de ce pouvoir souverain fut appelé seigneuriage et, vu sa nature exclusive, il correspondait à une forme particulière d'imposition.

Après la mise en circulation du papier-monnaie, délié de l'or, les modalités de formation du seigneuriage ont changé; sa nature, en revanche, est demeurée celle d'une recette de l'État liée à l'émission de monnaie. Depuis plusieurs décennies désormais les États ont attribué à une banque (institut d'émission ou banque centrale) le monopole de l'émission des billets de banque ayant cours légal. Une banque centrale émet donc des passifs, notamment les billets de banque, sur lesquels elle ne paie aucun intérêt (elle doit seulement supporter les coûts de production des billets), avec lesquels elle achète des actifs productifs d'intérêt (titres d'État, devises étrangères, crédits envers les banques, etc.). La différence entre les intérêts perçus sur les actifs et le coût, modeste, de production des billets de banque constitue le seigneuriage moderne, ou revenu monétaire.

Vu la nature du revenu de seigneuriage, on comprend pour quelle raison il existe dans tous les pays une réglementation qui prévoit que les profits des banques centrales, une fois déduite une part destinée à financer les dépenses et à augmenter le patrimoine de la banque elle-même, affluent à l'État, ultime titulaire de la souveraineté monétaire.

Avec ces prémisses, il est aisé de comprendre les règles fixées par les statuts du Système européen de banques centrales pour la détermination et la distribution du revenu monétaire.

Les statuts établissent que « le montant du revenu monétaire de chaque banque centrale nationale est égal au revenu annuel qu'elle tire des actifs détenus en contrepartie des billets en circulation et des engagements résultant des dépôts constitués par les établissements de crédit ». Les statuts établissent en outre que le revenu monétaire soit transféré des banques centrales à la Banque centrale européenne et ensuite redistribué de celle-ci vers les établissements nationaux, selon la quote-part de capital détenue par chacun d'entre eux (v. tableau 3). Pour déterminer le revenu monétaire, les dépôts des banques (qu'ils soient sous la forme de réserve obligatoire ou libres) auprès des banques centrales nationales sont assimilés aux billets de banque, car ils partagent avec ceux-ci la nature de base monétaire, comme nous l'avons déjà dit. Le repérage et la quantification des passifs monétaires d'une banque centrale – billets de banque et dépôts des banques – sont faciles. En revanche, il est beaucoup plus difficile d'identifier, dans l'ensemble des actifs, ceux qui sont en contrepartie des passifs monétaires, comme l'exigent les statuts. Le problème n'est pas uniquement de nature statistique et comptable, mais aussi économique, avec de possibles implications de redistribution du revenu entre les banques centrales. Les actifs des banques centrales ont en effet des rendements très différents : il y a la réserve d'or, qui pratiquement ne produit pas d'intérêts ; il peut y avoir, pour des raisons historiques, des titres avec des rendements égaux ou inférieurs à ceux du marché. Le choix des actifs qui engendrent le revenu monétaire influence donc le montant de celui-ci et par conséquent la somme que chaque banque centrale transfère au Système européen de banques centrales ; il n'influence pas, toutefois, le montant qu'elle obtient de la redistribution, pour les raisons que nous verrons bientôt.

En plus des difficultés que nous venons d'illustrer, un certain degré d'homogénéité des structures des bilans des banques centrales nationales est une condition nécessaire pour le calcul du revenu monétaire basé sur le rendement des différents actifs. En prévision de retards dans l'achèvement de ce travail d'homogénéisation et pour éviter des redistributions importantes de revenu entre les banques centrales, les statuts ont établi que le conseil des gouverneurs de la Banque centrale européenne peut adopter, pour une période transitoire non supérieure à cinq ans, une méthode de calcul alternative. C'est dans ce but que l'Institut monétaire européen a élaboré une méthode simplifiée où l'on repère un taux d'intérêt conventionnel, le même pour toutes les banques centrales, qui, multiplié par le montant de la base monétaire, donne le revenu monétaire que chaque banque centrale nationale doit transférer à la Banque centrale européenne, indépendamment du rendement effectif de chacun des actifs utilisés dans les opérations de politique monétaire.

Les bénéfices nets de la Banque centrale européenne, une fois déduite une part destinée à accroître le capital, contribuent également à déterminer le revenu monétaire, qui est ensuite redistribué aux banques centrales nationales.

Nous avons vu que la part du revenu monétaire qui est redistribuée à chacune des banques centrales nationales est fonction de la part de capital de la Banque centrale européenne que chacune d'elles détient, à son tour déterminée par la population et par le produit national brut de chaque pays participant à la zone de la monnaie unique (v. tableau 3). La simple règle qui en découle s'appuie sur le fait qu'il existe un lien étroit entre la base monétaire, notamment les billets de banque, d'un côté, et le nombre de la population et son niveau de vie, de l'autre. Ce lien toutefois n'exclut pas complètement des différences entre les pays. Des traditions profondément acquises, le recours à des moyens de paiement différents des billets de banque (en premier lieu les chèques et les cartes de crédit), l'utilisation des billets de banque d'un pays de la part des citoyens d'autres pays (par exemple l'utilisation internationale des billets de banque en dollars et, notamment dans les pays de l'Europe centrale et orientale, des deutschemarks) altèrent le rapport entre base monétaire et population-revenu. Le tableau 3 montre, par exemple, que par rapport à la part du capital de la Banque centrale européenne, à son tour basée sur population et revenu, l'utilisation de la base monétaire, et surtout des billets de banque, est particulièrement réduite en France. Au contraire, en Allemagne, à cause, entre autres, de l'utilisation étendue de billets de banque en deutschemark dans plusieurs pays de l'Est européen, peu attirés par les billets de banque nationaux à cause du taux d'inflation élevé, la base monétaire est très vaste par rapport à la participation dans la Banque centrale européenne. Dans ce pays, donc, le problème de la redistribution se présente d'une façon particulièrement aiguë.

La conséquence, pour les pays participant à l'euro, est que le pays qui a une quote-part de base monétaire sur le total européen plus élevée que sa quote-part dans le capital de la Banque centrale européenne verrait une partie du revenu monétaire obtenu avant l'Union s'écouler vers d'autres pays. Dans la prévision que cette conséquence indésirable puisse se produire, la mise en œuvre graduelle du mécanisme de centralisation et de redistribution du revenu a été prévue.

La méthode de calcul et de redistribution du revenu monétaire à l'intérieur du Système aura ainsi deux mécanismes temporaires parallèlement en vigueur : le premier simplifie le calcul du revenu monétaire, le deuxième évite des variations brusques du revenu de seigneuriage dont jouit chacune des banques centrales nationales, et, en définitive, l'État auquel elle appartient. On n'a toutefois pas touché au principe, fixé par les statuts, que le revenu monétaire doive être centralisé et ensuite redistribué. Ce principe, outre à avoir une validité générale, est également important sur le plan pratique. Nous avons dit à plusieurs reprises que les opérations monétaires sont presque entièrement décentralisées : si les conséquences en termes de revenu de ces opérations restaient entièrement et toujours à la charge des banques centrales nationales, il faudrait craindre, du moins dans des circonstances défavorables, la naissance d'un conflit entre les intérêts liés au revenu d'une banque centrale donnée et les instructions que celle-ci reçoit de la Banque centrale européenne. Par exemple, l'ordre de vendre des titres pour réduire le montant des liquidités en circulation pourrait être en conflit avec les perspectives de revenu de ces titres. Il ne fait pas de doute qu'en définitive, les instructions de la Banque centrale européenne prévalent sur les intérêts liés au revenu, mais les situations de conflit d'intérêts sont toujours difficiles à gérer et il vaut mieux les éviter dans la mesure du possible.

Chapitre 7

Les opérations du Système européen de banques centrales

7.1 De l'objectif final aux opérations journalières

Nous avons jusqu'ici retracé l'histoire de la Banque centrale européenne, décrit ses objectifs, ses fonctions et sa structure. Nous n'avons pas parlé de son activité quotidienne. Qu'en disent les journaux ? À quels aspects de ses opérations s'adresse l'attention de l'opinion publique? Comment poursuivra-t-elle son objectif en termes concrets? Nous allons maintenant essayer de répondre à ces questions.

Il a été dit à plusieurs reprises que la Banque centrale peut influer sur l'économie – et donc sur les prix – en étendant ou en resserrant son budget, à savoir en fournissant ou en enlevant des liquidités aux banques et, par leur intermédiaire, aux ménages et aux entreprises. Le principe est clair et simple : si les prix ont tendance à augmenter, il faut réduire les liquidités, s'ils ont tendance à diminuer, il faut fournir des liquidités. L'application pratique est bien plus complexe, car le lien entre l'action de la Banque centrale et les prix n'est ni immédiat, ni certain : les temps et l'intensité avec lesquels l'économie et notamment les prix répondent à une restriction ou à une expansion de la monnaie sont difficiles à prévoir. C'est cette incertitude qui rend nécessaire une institution complexe comme la banque centrale; autrement, il suffirait d'un « pilote automatique ».

Certains économistes ont comparé les problèmes de la conduite de la politique monétaire à ceux du pilotage des super-pétroliers, où il faut tenir compte, dans la réaction du navire aux commandes, des retards, dus à l'inertie, et des incertitudes, dues aux vents et aux courants. Le concept « d'objectif intermédiaire » a été élaboré pour affronter ces problèmes : c'est une variable apte d'une part à dépendre, de façon rapide et sûre, de la politique monétaire et d'autre part à anticiper les variations de l'objectif final.

La chaîne entre actions de la banque centrale et variations des prix est ainsi séparée en deux sections : la première entre l'instrument de la banque centrale et l'objectif intermédiaire, la deuxième entre ce dernier et l'objectif final. En poursuivant dans cette similitude avec la marine, c'est comme si l'on essayait d'identifier une variable à mi-chemin entre les instruments de pilotage, par exemple la position du gouvernail et le nombre de tours de l'hélice et l'objectif final, par exemple la vitesse et la direction du navire, pour mieux régler les premiers pour atteindre le second.

Naturellement, le concept d'objectif intermédiaire est inutile si l'on ne parvient pas à le rendre concret : l'idée peut bien être intéressante mais, dans la pratique, elle ne sert à rien si l'on ne trouve pas une variable apte à réagir avec rapidité et précision à la variation des instruments et, en même temps, à anticiper le comportement de l'objectif final.

Dans la recherche d'un objectif intermédiaire, l'analyse économique et la pratique des banques centrales ont désigné trois options principales : le taux de change, le taux d'intérêt, la quantité de monnaie. Il est utile d'examiner les qualités et les défauts de ces trois options.

En vue d'illustrer les deux premières options, il est utile encore une fois de recourir au concept de prix de la monnaie, présenté au chapitre 4. Le niveau général des prix est une des manières d'exprimer le prix de la monnaie. Le taux de change et le taux d'intérêt sont les deux autres définitions possibles du prix de la monnaie. L'idée d'utiliser l'une ou l'autre comme objectif intermédiaire est intéressante sous plusieurs aspects. Tout d'abord, nous avons déjà dit qu'à la fin, il y a une certaine cohérence entre les différentes définitions du prix de la monnaie : si quelque chose arrive à l'une des définitions, quelque chose arrivera, tôt ou tard, aux autres également. De surcroît, le taux de change et le taux d'intérêt réagissent plus rapidement que le niveau général des prix aux actions de politique monétaire. Enfin, ils peuvent être observés de façon continue sur les marchés financiers, et non, comme les prix, grâce aux relevés du bureau central de statistique, seulement une fois par mois. Les défauts de ces deux variables en tant qu'indicateurs intermédiaires de la politique monétaire sont toutefois supérieurs à leurs qualités.

Le défaut principal du taux de change réside en sa relativité. Le change ne reflète pas le taux d'inflation d'un pays mais la différence entre les taux d'inflation des deux monnaies dont il exprime le prix relatif : si le pays A a un taux d'inflation de 5 % et le pays B de 10 %, le taux de change de la monnaie du pays A aura tendance à s'apprécier en signalant, en apparence, une restriction monétaire. Cependant, le signal est faux : l'objectif de la stabilité des prix n'est pas respecté et la politique monétaire devrait être encore plus restrictive. Le problème de la relativité du taux de change peut ne pas être grave pour un petit pays qui rattache sa monnaie à celle d'un pays grand et stable, mais ce n'est certainement pas une option valable pour tout un continent qui veut atteindre la stabilité des prix.

Le défaut principal du taux d'intérêt est son ambiguïté. Dans le taux d'intérêt, c'est-à-dire dans la rémunération que le débiteur reconnaît au créancier du fait qu'il renonce, pendant une période donnée, à utiliser la monnaie, il faut distinguer deux composantes fondamentales : la première, appelée taux d'intérêt réel, doit être reconnue même si le pouvoir d'achat de la somme prêtée reste constant pour toute la durée du prêt; la seconde, appelée prime d'inflation, doit au contraire être reconnue justement parce que le pouvoir d'achat de la monnaie diminue. L'aspect ambigu du taux d'intérêt en tant qu'indicateur intermédiaire de la politique monétaire est que la composante réelle et la composante inflationniste ont, à court et moyen terme, tendance à réagir en sens contraire à une action monétaire donnée. Prenons comme exemple une expansion : la composante inflationniste a tendance à augmenter et à pousser le taux d'intérêt vers le haut, alors que la composante réelle a la tendance opposée; l'effet net, du moins sur les taux d'intérêt au-delà du court terme, est incertain. En conclusion, lorsque le taux d'intérêt augmente, on ne peut pas dire si cela est dû à une augmentation de l'inflation attendue, traduisant par là une expansion monétaire, ou, au contraire, si cela vient d'une augmentation du taux réel, indiquant de ce fait une restriction. L'ambiguïté de fond du taux d'intérêt empêche de l'utiliser en tant qu'indicateur intermédiaire, sans pour autant compromettre sa fonction d'objectif opérationnel, comme nous le verrons plus loin.

Si les deux définitions du prix de la monnaie données par le taux de change et le taux d'intérêt ne fournissent pas de bons indicateurs intermédiaires de la politique monétaire, on peut penser tout naturellement que cette fonction peut être remplie par la quantité de monnaie, c'est-à-dire par un agrégat monétaire constitué par les billets de banque, les dépôts bancaires, peut-être même par les titres à court terme. L'idée de base est que le contrôle de l'offre de monnaie, à savoir la quantité d'instruments monétaires que la banque centrale et les banques commerciales mettent à la disposition du public, permettrait de déterminer cette expression du prix de la monnaie qu'est l'inflation. Cette idée, identifiée souvent avec le monétarisme, a constitué, dans les années 80, le fondement de la politique monétaire de nombreux pays. Le problème est que le rapport entre agrégat monétaire et prix n'est précis que si la quantité de monnaie que les ménages et les entreprises souhaitent détenir est facile à prévoir. Etant donné la demande, une offre inférieure tend à accroître la valeur de la monnaie et donc à réduire l'inflation, une offre supérieure la fera augmenter. L'expérience prouve, malheureusement, que la demande de monnaie de ménages et entreprises n'est pas stable, pas même à court terme. Dans le cas européen, l'instabilité risque d'être encore plus grande : l'unification monétaire elle-même représente un changement tellement profond qu'il est difficile de prévoir, à l'heure actuelle et dans les années à venir, de quelle manière évoluera la quantité de monnaie que ménages et entreprises voudront posséder pour faciliter leurs activités de consommation, investissement et production.

Face à toutes ces difficultés dans l'identification d'un objectif intermédiaire approprié, certains pays ont renoncé et préféré viser directement à l'objectif final de la stabilité des prix. Le problème des retards et des incertitudes par lesquels la politique monétaire influe sur les prix est affronté en faisant appel à toutes les méthodes possibles pour prévoir l'inflation : par des modèles économétriques, par l'observation des attentes d'inflation des opérateurs de marché et par l'utilisation des rapports qui ont permis d'anticiper l'inflation dans le passé. Si nous revenons à notre comparaison avec un super-pétrolier, c'est comme si le capitaine du navire disposait d'un modèle mathématique sur ordinateur : une fois qu'il a entré les données relatives à la position du gouvernail, à la poussée du moteur, aux conditions environnementales telles que vent et mer et aux conditions actuelles du navire, le modèle est en mesure de prévoir quelle sera la vitesse et la direction du navire après dix minutes, une demi-heure, une heure. Le capitaine peut alors régler les commandes jusqu'à obtenir la vitesse et la direction souhaitées. La banque centrale peut faire de même : si l'inflation prévue est plus élevée que l'inflation maximale souhaitée, la politique monétaire doit être restrictive et il faut retirer des liquidités du marché monétaire; autrement elle peut rester inchangée ou peut même être assouplie, en accroissant l'offre de liquidités. La limite de cette méthode est que toutes les prévisions d'inflation sont très incertaines, entre autres raisons parce que l'inflation, au moins à court et moyen terme, ne dépend pas uniquement de la politique monétaire : il suffit de penser, par exemple, à l'effet des variations des prix des matières premières ou des salaires.

En conclusion, la Banque centrale européenne, après que l'Institut monétaire européen ait écarté le taux de change et le taux d'intérêt en tant qu'objectifs intermédiaires, a défini la stratégie de politique monétaire qui sera suivie par le Système européen de banques centrales. Conformément aux termes du traité, l'objectif principal de la politique monétaire sera la stabilité des prix, qui doit être maintenue à moyen terme. La stabilité des prix a été définie à son tour comme « une augmentation sur base annuelle de l'indice harmonisé des prix à la consommation pour la zone euro inférieure à 2 % ». La contradiction apparente d'une

« stabilité » définie en termes de « taux d'augmentation » s'explique, d'un côté, par la difficulté de mesurer correctement la variation des prix dans le temps et de l'autre par la volonté de souligner que la déflation, ou réduction des prix, est à éviter autant que l'inflation.

La stratégie de politique monétaire pivotera sur deux éléments : 1) la détermination d'une valeur de référence quantitative pour la croissance d'un agrégat monétaire; 2) une évaluation, sur la base d'une large gamme d'indicateurs, des perspectives d'inflation et des risques pour la stabilité des prix dans la zone euro.

Par ce choix, un compromis a été adopté entre l'approche choisie par certains pays, dont l'Allemagne et la France, basée sur les agrégats monétaires et l'approche visant directement à l'objectif final de la stabilité des prix, choisi par d'autres pays, dont le Royaume-Uni.

Le choix de la Banque centrale européenne vise à concilier deux exigences différentes. D'une part, la référence à un taux de croissance d'un agrégat monétaire peut l'aider à acquérir une crédibilité accrue : la politique monétaire influe avec une plus grande précision sur les agrégats monétaires que sur l'inflation; il est donc plus facile que la banque centrale réalise un objectif de croissance de la monnaie qu'un objectif d'inflation et le public peut comprendre plus rapidement que la Banque centrale « ne plaisante pas ». D'autre part, une banque centrale qui réaliserait régulièrement son objectif monétaire sans réaliser celui de la stabilité des prix ne remplirait pas sa fonction et ne serait pas très appréciée par la population : de ce point de vue, il est fort utile de mettre l'accent sur le taux d'inflation prévu.

Une approche mixte est toutefois beaucoup plus complexe. Il devient encore plus important que la banque centrale explique constamment son action aux citoyens, au marché, aux institutions de l'Union européenne; l'action de la Banque centrale doit être transparente : seul un jugement bien informé peut rassurer quant au fait que la banque centrale poursuit son objectif avec détermination et efficacité.

7.2 Les instruments de la politique monétaire

Que la Banque centrale européenne poursuive directement l'objectif de la stabilité des prix ou qu'elle utilise un agrégat monétaire en tant qu'objectif intermédiaire, l'ensemble des instruments de politique monétaire auxquels il faut recourir est le même. Ces instruments sont suggérés par l'expérience opérationnelle des principales banques centrales et par la structure et l'organisation des marchés monétaires et financiers. Leur utilisation permet à une banque centrale de contrôler le taux d'intérêt à court terme, pris comme objectif des opérations quotidiennes de la politique monétaire. Le taux d'intérêt à court terme est important puisqu'il fixe le prix auquel les liquidités sont échangées dans le marché monétaire et il influence les taux auxquels les banques prêtent à leurs clients. D'une façon plus générale, le taux à court terme, étant sous le contrôle des banques centrales, signale, lorsque ses mouvements sont systématiques, la tendance à la restriction ou à l'expansion de la politique monétaire.

La Banque centrale européenne, de même que la plupart des banques centrales nationales, a choisi une approche « en couloir » pour la politique monétaire : un taux officiel définit le « plancher » et une autre le « plafond » pour le taux à court terme, guidé par des opérations de marché à l'intérieur de ce couloir.

La fixation du « taux plancher » et du « taux plafond » (en France, une fonction analogue a été remplie jusqu'ici, en conditions normales, par le taux sur les opérations d'appel d'offres et par le taux sur prêts et pensions de cinq à dix jours) permettra à la Banque centrale européenne de signaler avec force sa position en matière de politique monétaire. En fixant, par exemple, le « taux plancher » à 2 % et le « taux plafond » à 4 %, elle signale qu'elle n'est pas inquiétée par la stabilité des prix et qu'elle peut se permettre une attitude détendue; la crainte d'une quelconque tension sur les prix la porterait à élever le couloir afin de signaler aux entreprises et aux travailleurs la nécessité de contenir prix et salaires.

En vue d'affiner la régulation des conditions de liquidité, la banque centrale guide le taux d'intérêt à court terme, à l'intérieur du couloir, à travers les opérations d'open market... Par ce type d'opérations, une banque centrale achète ou vend des titres en contrepartie avec les banques, en cédant ou en retirant des liquidités. Dans la pratique, pour revenir au bilan simplifié du tableau 2, lorsqu'une banque centrale effectue une opération expansive d'open market, en acquérant des titres, elle augmente ses activités à l'intérieur (envers le Trésor, les banques et les autres opérateurs) ; en même temps, pour « payer » les titres, elle augmente les dépôts que les banques commerciales détiennent auprès d'elle. Grâce à la liquidité accrue qui est ainsi mise à leur disposition, les banques peuvent étendre leur activité de prêt, et stimuler ainsi l'économie.

La Banque centrale européenne et, par son intermédiaire, les banques centrales nationales, peuvent effectuer une vaste gamme d'opérations d'*open market*. Cette richesse est due au fait que l'ensemble des instruments du Système européen de banques centrales a été établi à partir de l'expérience, particulièrement variée, des banques centrales nationales qui le composent : chacune de ces banques y a apporté sa propre méthode et ses propres idées : une fois passé l'examen critique, serré et approfondi, auprès de l'Institut monétaire européen, elles sont devenues partie intégrante du patrimoine d'instruments de la nouvelle institution.

La Banque centrale européenne décide la quantité globale de liquidités à fournir ou à enlever, et non leur distribution parmi les banques. À cette fin, on a choisi, comme norme générale, le système des appels d'offres, qui est le plus conforme au principe du marché libre et concurrentiel établi par les statuts, à effectuer de façon décentralisée par les banques centrales nationales.

Lors des travaux préparatoires effectués auprès de l'Institut monétaire européen, on a longuement discuté pour établir si la Banque centrale européenne devait avoir recours aux réserves obligatoires. Les statuts donnent à la Banque centrale européenne le pouvoir d'imposer aux banques des réserves obligatoires, à garder sur des comptes auprès de la Banque centrale européenne ou des banques centrales nationales, pour un montant égal à une quote-part, des dépôts obtenus auprès de la clientèle.

Les partisans de la réserve obligatoire soutiennent que l'obligation de déposer une partie des dépôts sous la forme de base monétaire renforce l'action de politique monétaire : ce n'est que la banque centrale qui peut fournir la liquidité nécessaire pour respecter cette contrainte et elle peut ainsi, en modulant l'offre, obtenir le degré de restriction monétaire souhaité.

Les opposants à la réserve obligatoire – en Europe, surtout la Banque d'Angleterre – soulignent le désavantage concurrentiel qui apparaît lorsque l'on imposé aux banques l'obligation de réserve qui pourrait les pousser à déplacer leur activité dans des pays où cet instrument n'est pas utilisé. En effet, si les montants déposés à titre de réserve ne sont pas rémunérés, ou s'ils le sont à des taux inférieurs à ceux du marché, les banques impliquées ont à supporter un coût supplémentaire. Mais également en cas de rémunération aux taux du marché, la réserve, selon ceux qui critiquent cet instrument, interfère dans la liberté de gestion d'une banque.

L'expérience des banques centrales des pays participant à l'euro qui ont fait principalement recours à la réserve obligatoire, en tant qu'instrument de politique monétaire, a conduit le conseil des gouverneurs de la Banque centrale européenne à utiliser un système de réserve obligatoire pour la zone euro. Une quote-part de 2 % a été fixée : elle sera appliquée aux dépôts bancaires ayant une échéance jusqu'à deux ans; la réserve sera rémunérée aux taux du marché.

Dans l'application des réserves obligatoires, le pouvoir discrétionnaire du conseil des gouverneurs de la Banque centrale européenne est de toutes manières limité. Étant donné que les réserves obligatoires peuvent prendre un aspect semblable à celui d'un impôt, les statuts ont prévu qu'un organe politique, le Conseil de l'Union européenne, soit chargé de définir aussi bien l'agrégat sur lequel la réserve est appliquée que la quote-part maximale à appliquer.

7.3 Les contreparties du Système européen de banques centrales et le problème des garanties

Les statuts prévoient que la Banque centrale européenne et les banques centrales nationales effectuent des opérations de crédit uniquement « sur la base d'une sûreté appropriée » : l'objectif de cette disposition est la sauvegarde de l'intégrité du patrimoine de la banque centrale. Celle-ci doit fournir des liquidités aux banques à travers les opérations de politique monétaire par lesquelles elle poursuit l'objectif d'intérêt général de la stabilité des prix ; elle doit donc être protégée, dans la mesure du possible, des risques de marché et de contrepartie, à la différence des institutions de crédit qui obtiennent le profit d'entreprise justement grâce à une gestion correcte des risques.

Le choix des activités financières que le Système européen de banques centrales accepte à titre de garantie de ses financements est important et délicat à plusieurs égards. Si les critères de choix étaient peu rigoureux, son patrimoine ne serait pas suffisamment sauvegardé ; s'ils étaient trop rigoureux ou si l'on arrivait même à exclure certaines catégories de titres, indépendamment de leur qualité, certains titres finiraient par être privilégiés et d'autres l'objet d'une discrimination. Dans le cas de la Banque centrale européenne, le problème est encore plus sensible : une éventuelle discrimination entre les titres peut avoir un impact différent selon les États participants.

Un choix en faveur des titres émis ou garantis par l'État peut être trouvé dans les statuts de plusieurs banques centrales nationales. Le traité de Maastricht et les statuts du Système européen de banques centrales, en fixant le principe général de conformité aux règles « d'une économie de marché ouverte où la concurrence est libre » et en introduisant l'interdiction générale de traitement privilégié des administrations publiques, demandent que le Système européen de banques centrales accepte une vaste gamme de titres, privés et publics, en garantie des opérations de prêt.

Le seul critère de sélection des titres pris en garantie est, en définitive, celui de la qualité, à évaluer sur la base de critères objectifs et homogènes dans tous les pays membres de la zone euro.

Le respect des principes de la subsidiarité et de la libre concurrence déploie ses effets également dans le choix des institutions qui peuvent être les contreparties du Système européen de banques centrales dans les opérations de politique monétaire. Identifier les contreparties du Système revient à répondre à des questions du genre : qui peut ouvrir des comptes auprès de la Banque centrale européenne et/ou auprès des banques centrales nationales? Qui peut participer aux appels d'offres pour les opérations d'*open market*? Qui a le droit d'accéder au refinancement de la banque centrale?

La Banque centrale européenne utilise des critères transparents et objectifs en vue de sélectionner un grand nombre de contreparties. Le conseil des gouverneurs a décidé que toutes les banques qui sont tenues à verser une réserve obligatoire peuvent être contreparties du Système : quiconque a l'obligation de garder en dépôt auprès du Système européen de banques centrales un montant minimum d'actifs liquides a également le droit d'accéder au financement accordé au Système.

Sur la base de ce critère, le nombre de contreparties potentielles du Système sera très étendu, de l'ordre de 8000 à 9000.

Chaque pays participant à la zone euro a intérêt à avoir, parmi les contreparties du Système européen de banques centrales, un nombre important de banques installées et opérant dans son propre territoire. En effet, tant qu'existait une monnaie nationale, le marché monétaire intérieur était amplement protégé du risque d'intervention des systèmes bancaires étrangers. Le passage à l'euro élimine une telle protection dans les États participants. Chaque banque voit considérablement augmenter le nombre de concurrents. La concurrence accrue est une conséquence voulue et acceptée de la transition vers l'euro; une de ses caractéristiques principales est l'égalité des opportunités parmi les concurrents. Dans les systèmes bancaires, il faut inclure au nombre de ces opportunités l'accès au crédit de la banque centrale.

7.4 Les réserves officielles et les interventions sur le marché des changes

Nous avons déjà vu au chapitre 6 que les réserves officielles en or et en devises constituent un élément important dans les actifs de bilan des banques centrales.

Nous avons dit à plusieurs reprises dans cet ouvrage que l'or a presque totalement perdu ses fonctions monétaires, bien qu'on le trouve, pour des montants de taille, dans le bilan des banques centrales et également dans celui de la Banque centrale européenne. Cela ne s'explique pas seulement par des raisons historiques ; l'or contribue toujours à renforcer la crédibilité des banques centrales, puisqu'il constitue une sorte de réserve de valeur de dernière instance – complémentaire à celle qui est fournie par les réserves en devises étrangères – qui est dotée d'une valeur intrinsèque ne dépendant pas des conditions économiques et politiques d'un pays tiers, comme les réserves en devises étrangères correspondant à un passif d'autres pays (par exemple les États-Unis et le Japon).

Les réserves en devises sont détenues par les banques centrales essentiellement afin d'intervenir sur le marché des changes en vendant ou en achetant la monnaie nationale contre une monnaie étrangère, suivant que l'on souhaite en limiter ou en soutenir la valeur. Comme nous l'avons vu au chapitre 4, le taux de change est une expression particulière du prix de la monnaie, qui doit être cohérent avec les autres prix, le taux d'intérêt et le taux d'inflation. À leur tour, toutes les expressions du prix sont déterminées par la rencontre entre la demande de monnaie, de la part de ménages et entreprises, et l'offre, de la part du système bancaire, guidé en cela par la banque centrale. Cela revient à dire qu'il est possible d'influer sur le taux de change, non seulement en achetant et en vendant, sur le marché des changes, la monnaie nationale contre une devise étrangère, mais aussi en limitant ou en étendant l'offre de la monnaie sur la marché intérieur par les opérations de politique monétaire décrites au paragraphe précédent. Cependant, l'intervention sur le marché des changes est souvent l'instrument le plus direct et précis pour influer avec effet immédiat sur le taux de change, même si l'expérience prouve que les interventions ne sont efficaces que dans certaines conditions de marché et pourvu qu'elles soient réalisées en toute cohérence avec les conditions de fond de l'économie et avec la politique monétaire.

Pour ce qui est également des interventions en matière de changes, d'une part, les décisions ont été centralisées et confiées à la Banque centrale européenne, et d'autre part, les opérations ont été décentralisées, sauf cas exceptionnels, et sont effectuées par les banques centrales nationales. Mais, dans tous les cas, une étroite collaboration est mise en œuvre entre les banques centrales nationales et la Banque centrale européenne, par exemple en matière d'analyse des conditions du marché.

Les raisons expliquées au chapitre 4 font qu'il est peu probable que la Banque centrale européenne ait souvent l'occasion de recourir à des interventions sur le marché des changes. Il est encore moins probable que la Banque soit appelée à intervenir pour soutenir l'euro sur le marché des changes en cédant des devises, vu la solidité intrinsèque de la nouvelle monnaie européenne et la perspective d'un excédent de bilan des paiements courants de l'Union européenne. Malgré cela, le traité prévoit, comme déjà dit, que la Banque centrale européenne dispose d'une remarquable quantité de réserves : jusqu'à 50 milliards d'euros, environ 325 milliards de francs, entre devises et or. Les réserves de la Banque centrale européenne sont constituées, comme nous l'avons rappelé au chapitre 6, par des versements des banques centrales nationales, effectués proportionnellement à leur quota de participation au capital de la Banque centrale européenne, illustrée au tableau 3. Étant donné que, nous l'avons déjà rappelé, quatre pays ne participent pas à la zone euro dès le départ, le montant effectif des réserves versées à la Banque centrale européenne a été fixé à un peu moins de 40 milliards d'euros, dont 15 % en or et le reste en devises internationales.

De toutes manières, la Banque centrale européenne peut demander le versement de réserves supplémentaires, à valoir sur celles, très étendues comme nous l'avons vu au tableau 4, qui sont laissées aux banques centrales nationales.

Les réserves détenues par la Banque centrale européenne et par les banques centrales nationales doivent être gérées de manière aussi rentable que possible, tout en maintenant la liquidité et en limitant le risque. La méthode de gestion des réserves est différente suivant qu'elles se trouvent auprès de la Banque centrale européenne ou auprès des banques centrales nationales.

Pour les réserves de la Banque centrale européenne est appliqué un système analogue à celui qui est en vigueur entre le propriétaire d'un capital financier et l'agent chargé de l'administrer. Le propriétaire est la Banque centrale européenne et l'agent ou plutôt les agents sont les banques centrales nationales qui gèrent un montant de réserves correspondant à celui qu'elles ont initialement versé. Le contrôle du « propriétaire » sur ses agents sera très précis.

Le contrôle de la Banque centrale européenne est beaucoup moins strict sur les réserves qui restent auprès des banques centrales nationales. La règle fondamentale, énoncée à l'article 31, § 2 des statuts, est que la gestion des réserves soit effectuée « afin d'assurer la cohérence avec la politique de change et la politique monétaire de la Communauté ». Des contraintes d'information et des mécanismes d'autorisation sont prévus dans le but d'assurer une telle cohérence.

7.5 Le système des paiements pour la politique monétaire dans la zone euro

Nous pouvons définir « système des paiements » l'ensemble des instruments utilisés pour effectuer des paiements (billets de banque, cartes de crédit, chèques, virements bancaires, etc.), des réseaux télématiques sur lesquels circulent les ordres de paiement et des procédures qui règlent les différentes opérations. Dans les économies modernes, les progrès de la technologie informatique ont donné une forte impulsion aux systèmes des paiements. La nouvelle technologie permet en effet qu'un grand nombre d'ordres de paiement soit exécuté rapidement et suivant des modalités qui garantissent un degré de sécurité élevé. Un bon système de paiements permet, surtout aux banques et aux entreprises, d'utiliser efficacement leur trésorerie avec des avantages économiques. En effet, un système de paiements plus efficace, en accélérant la vitesse de circulation des liquidités, permet d'effectuer un volume donné de paiements avec moins de fonds liquides, qui rapportent peu ou prou.

Nous concentrerons ici notre attention sur cette partie du système des paiements qui intéresse les opérations de politique monétaire et, par là, les rapports correspondants, interbancaires et entre banques et Système européen de banques centrales. Pour la politique monétaire, le système des paiements joue un rôle semblable à celui du réseau d'artères et capillaires dans le corps humain. De même que le sang pompé par le cœur ne parvient aux différentes parties du corps que si le système artériel est libre d'obstacles, le flux des liquidités contrôlé par la banque centrale ne parvient promptement et dans la quantité souhaitée dans tout le système bancaire que si le système des paiements est efficace et sûr.

Chacune des banques centrales nationales participant au Système européen s'est dotée de « systèmes de règlement brut en temps réel » (RBTR) ainsi que d'un réseau télématique qui relie les différents systèmes nationaux entre eux et à la Banque centrale européenne appelé Mécanisme d'interconnexion (*Interlinking*, en anglais) ; le système dans son ensemble, RBTR + Interconnexion, est désigné par le sigle anglais *Target* (T*rans-european Automated Real-time Gross settlement Express Transfer* = Transfert express automatisé transeuropéen à règlement brut en temps réel).

Pour comprendre l'importance de Target, il est utile de préciser, ne serait-ce que brièvement, ce qu'est et comment fonctionne un système de règlement brut et en quoi il diffère d'un système basé sur la compensation et, donc, de règlement net. Ce dernier prévoit que toutes les opérations de crédit et de débit ordonnées par une banque à valoir sur le compte détenu auprès de la banque centrale s'accumulent pendant toute la journée sans être exécutées. À la fin de la journée, la banque centrale, en compensant toutes les écritures de débit et de crédit de chaque banque, obtient un solde débiteur ou créditeur qu'elle débite ou crédite à la banque concernée. La banque qui serait débitrice et ne disposerait pas des fonds suffisants pour régler le paiement, devra chercher ces fonds sur le marché interbancaire ou au moyen d'un financement de la banque centrale. Dans un système basé sur la compensation, ce n'est qu'à la fin de la journée que les banques ont la certitude de la bonne fin des opérations. Si, au moment du solde, une banque devait être insolvable, aucune des opérations de la journée ne serait réglée, au risque de graves conséquences sur le système bancaire tout entier.

Dans le système brut en temps réel, au contraire, chaque opération est immédiatement réglée, tout le long de la journée ouvrable, par le débit ou le crédit au compte de la banque concernée; l'éventuelle insolvabilité d'une banque ne concernerait que la dernière opération. Par conséquent, un système brut offre aux participants un niveau de sécurité plus élevé. Les opérations entre le Système européen de banques centrales et les banques, ainsi que les opérations interbancaires, sont réglées dans l'immédiat; les banques disposent « en temps réel » des fonds fournis par le Système européen de banques centrales au moyen des opérations de politique monétaire et peuvent tout aussi rapidement effectuer leurs paiements. À travers le mécanisme d'Interconnexion, les paiements en euros entre les pays participant à la zone euro sont effectués avec la même rapidité et sécurité des paiements qui ont lieu à l'intérieur d'un pays déterminé. Target devient ainsi un facteur puissant d'intégration des marchés monétaires et financiers internationaux.

Un système de règlement brut exige, de par sa structure, une quantité de liquidités supérieure (ou, du moins, une vitesse de circulation accrue de ces dernières) qu'un système basé sur la compensation de fin de journée. En particulier, dans un système brut en temps réel, il peut se produire un manque de liquidités dans la journée : un exemple peut être constitué par une banque qui concentrerait des paiements importants dans la matinée et ne bénéficierait des encaissements que dans l'après-midi. Afin d'éviter des retards dans l'exécution des paiements qui pourraient, dans des cas extrêmes, provoquer le blocage du système, il faut prévoir la possibilité de mettre à la disposition des banques des liquidités abondantes pendant la journée.

Dans le cadre du Système européen de banques centrales il est prévu que les banques puissent utiliser dans le courant de la journée les fonds déposés dans le compte de réserve obligatoire ou bien qu'elles puissent obtenir, de leur banque centrale, toutes les liquidités qui leur sont nécessaires pendant la journée, à condition qu'elles aient suffisamment de titres à déposer en garantie.

L'efficacité de Target a exigé un travail minutieux d'homogénéisation des procédures nationales afin de permettre au Système d'être opérationnel les mêmes jours et aux mêmes heures dans tous les pays participant à l'euro.

Conclusion

Notre voyage à la découverte de la Banque centrale européenne se termine ici; nous avons fait connaissance avec une institution qui est à la fois jeune et ancienne. Elle est jeune, non seulement parce que son acte de naissance est récent mais plus encore parce que, exemple unique dans le contexte international, elle a toutes les caractéristiques d'un organe fédéral, appelé à gérer la politique monétaire unique d'un groupe d'États qui ne sont pas liés par un pacte politique véritablement fédéral. La Banque centrale européenne est une institution ancienne parce qu'elle est née de l'expérience des banques centrales nationales qui l'ont conçue et qui ont travaillé à sa constitution; parce qu'elle est dirigée par un conseil où siègent tous les gouverneurs des banques centrales des nations qui ont choisi l'euro comme monnaie unique.

Nombreux sont ceux qui se posent aujourd'hui, en Europe et dans d'autres continents, la question suivante : « un modèle prévoyant une monnaie unique pour des pays qui ne sont pas liés par une union politique est-il viable? ». Le modèle choisi par l'Europe est tout à fait nouveau et l'expérience ne nous aide pas à trouver une réponse. Ceux qui expriment des critiques ou des doutes, mettent l'accent sur les diversités de langue, de culture, d'histoire qui caractérisent les pays européens; sur la rigidité des marchés de l'emploi respectifs; sur les différences qui distinguent les économies et qui peuvent engendrer des conflits difficiles à régler en dehors d'une assise politique appropriée. Il est toutefois impossible d'ignorer que l'Europe, depuis bientôt cinquante ans déjà, a accompli d'incroyables progrès dans le processus d'intégration qui, même dans les moments les plus difficiles, n'a pas subi de replis mais, tout au plus, des temps d'arrêt. Nous sommes loin d'un état fédéral ou confédéré comme il en existe déjà – et peut-être nous n'y parviendrons jamais – mais nous sommes encore plus loin de l'état national selon le modèle du XIXe siècle.

À la lumière de l'expérience du demi-siècle qui nous sépare de la fin de la guerre et des premières décisions d'intégration concrètes, force est de reconnaître que le choix des pères fondateurs de procéder « par à-coups », en commençant là où la voie paraissait le plus facile, s'est avéré une réussite. Ce choix a permis, dans le temps, d'ouvrir l'Europe aux échanges de marchandises et services, de capitaux, jusqu'à la constitution du marché unique ; il a abouti à une législation commune dans des secteurs tels que l'activité bancaire et financière et la tutelle de la concurrence ; il a ouvert les frontières aux citoyens en créant de nouvelles possibilités d'étude, de connaissances, d'emploi ; il a uni les pays membres par des liens juridiques et des pactes politiques concernant les politiques budgétaires ; il a développé une coutume de confrontation civile qui a évité des ruptures traumatisantes, même à l'occasion de crises aiguës ; maintenant, il donne naissance à l'Union monétaire, en confiant à une institution qui n'est pas soumise au caractère discrétionnaire du pouvoir exécutif, mais totalement sujette à la loi, une tâche – la stabilité des prix – qui a été jugée digne d'être poursuivie par la société européenne.

Il reste, certes, des diversités, des conflits d'intérêts, des méfiances. Mais sont aussi bien présents les idéaux de l'unité européenne, les aspirations à la liberté, à la paix, au bien-être de tous. Sur ces derniers, nous avons construit en Europe un appareil juridique et institutionnel sui generis mais fort et caractérisé par de vastes cessions de souveraineté dans des secteurs importants de la vie publique.

L'Europe vit un processus de transformation de civilisation. Son résultat, comme pour toute grande mutation historique, dépendra des citoyens européens et de la classe politique et dirigeante qu'ils sauront exprimer. S'il est vrai que l'histoire n'est pas finie, l'euro n'est pas un point d'arrivée mais un point de départ.

Formaté typographiquement
par Desk - Laval
Tél. 02 43 01 22 11
Imprimé en France. - JOUVE, 18, rue Saint-Denis, 75001 PARIS
N° 265774P. - Dépôt légal : Février 1999